一乾一乾晴雨：氣象、天氣
一乾二兌進學：升學、考試
一乾三離讀書：念書、就學、進修
一乾四震取討：討債、要回東西
一乾五巽招婿：女方選女婿
一乾六坎命運：近期運勢
一乾七艮請醫：就醫
一乾八坤科舉：國考
二兌一乾移居：遷移
二兌二兌會事：會議、接洽、談判
二兌三離謀事：計劃、求職
二兌四震父病：父母親病
二兌五巽買屋：房產
二兌六坎分家：分家產
二兌七艮病症：健康
二兌八坤天花：子女生病

三離一乾求財：
三離二兌借財：
三離三離買畜：寵物、畜養家禽
三離四震開店：
三離五巽回鄉：
三離六坎放賑：放款、錢財借出
三離七艮墳塋：祖墳、墳墓
三離八坤賭博：手氣
四震一乾秋收：長期投資
四震二兌店面：住宿、過夜
四震三離求子：
四震四震出行：旅遊
四震五巽捕魚：短期投資
四震六坎夜夢：占夢
四震七艮入贅：入住妻家
四震八坤口舌：糾紛

五巽一乾脫貨：銷售、賣貨
五巽二兌見貴：面試
五巽三離春蠶：養殖
五巽四震解糧：運輸、運貨、米糧生意
五巽五巽起造：建造、房宅、廠房
五巽六坎生意：經商
五巽七坤文憑：簽約、證書、簡章
五巽八坤訴狀：被告澄清、訴清冤情
六坎一乾陞遷：
六坎二兌尋人：
六坎三離納監：送禮、普考、地方選舉
六坎四震和事：和解
六坎五巽婚姻：求婚
六坎六坎六甲：生產
六坎七艮交易：
六坎八坤娶妾：外面戀情

七艮一乾置田：買土地
七艮二兌家信：
七艮三離納史：參政、高考、中央選舉
七艮四震告狀：原告呈告狀
七艮五巽買貨：買進
七艮六坎求官：謀官、謀職
七艮七艮跟官：舉薦、參加競選、公務員
七艮八坤討僕：聘用、徵員公
八坤一乾壽元：
八坤二兌家宅：家事
八坤三離合夥：
八坤四震失物：
八坤五巽走失：
八坤六坎行人：來訪
八坤七艮手藝：一技之長
八坤八坤解人：快遞、宅急便、押犯人

先天易數

八字決戰一生 03

白話專解篇

史上八字完整的
整套系列編輯書籍

先天易數是按先後天數的卦理
配數組合而成的五百一十二條卦詩

國家圖書館出版品預行編目資料

八字決戰一生. 先天易數白話專解篇 /易林堂編籍部整理編著
初版. 臺南市：易林堂文化，2013.09
面；　公分
ISBN 978-986-89742-2-7(平裝)
1.易占
292.1　　　　102016712

03 八字決戰一生- 先天易數白話專解篇

作　　者 / 易林堂編籍部整理編著
原 作 者 / 周文王先天易數卦詩
總 校 稿 / 太乙
白話註解 / 楊欣諭
總 編 輯 / 杜佩穗
執行編輯 / 王彩魚魚
發 行 人 / 楊貴美
美編繪圖 / 林彥儒、王淑美
出 版 者 / 易林堂文化事業
發 行 者 / 易林堂文化事業
地　　址 / 台南市中華南路一段186巷2號
電　　話 / (06)2158691　傳　　真 / (06)2130812
郵局帳號：**局號** 0031204　**帳號** 0571561　***戶名***：楊貴美
電子信箱 / too_sg@yahoo.com.tw
2013年9月6日初版

總 經 銷 / 紅螞蟻圖書有限公司
地　　址 / 台北市內湖區舊宗路二段121巷28號4樓
網　　站 / www.e-redant.com
郵撥帳號 / 1604621-1 紅螞蟻圖書有限公司
電　　話 / (02)27953656　傳　真 / (02)27954100
定價單冊 : 451元

目錄

4 先天易數導讀（一）使用法

8 先天易數導讀（二）取數法

13 先天盤

14 後天盤

15 挨數盤

16 挨數盤全圖

18 先天易數（天書）五一二條占驗詩詞及白話註解

---

275 八字決戰一生系列書籍介紹

280 太乙文化事業課程簡介

282 太乙老師經歷、著作簡介

283 太乙老師服務項目

284 易林堂圖書介紹

285 小孔明、宏宥老師圖書簡介

286 先天易數DVD

287 八字時空洩天機DVD

288 生肖占卜DVD

先天易數（天書）占驗要訣

先天易數導讀（一）

使用法：

先天易數是按「伏義、周文王」先後天數的卦理配數組合而成的五百一十二條卦詩，以八為度、為方，每一方主註卜事有八件，而八方共有卜事六十四事，為六十四卦。再每八件上註一卦名，而八方共成八卦，此以伏義之先天作為天盤，按乾一、兌二、離三、震四、巽五、坎六、艮七、坤八。而另設一圖後天易數盤，也是以八為度、為方、為圖，圖上註八事，八圖共得卜事六十四事，為六十四卦，再每圖上註一卦名，即後天的坎、艮、震、巽、離、坤、兌、乾之方位，此為周文王的後天八卦，即作為地盤。將天地二盤相合，先天用數、後天用卦，順時針方向挨數，即知先後天蘊孕之妙。

使用先天易數占易問卦者不用說明要問何事，只要解卦者老師引導暗看摺圖上「易林堂」設計的「先天易數盤」，就摺圖上的天盤及地盤的兩個卦名，放上先天（十位數）及後天（個位數）的牌卡在摺圖上即可，再專心默念卜卦之事宜、目地，默念完再抽八卦牌卡一張（百位數）。

例如：占易卜卦者來詢問請教，欲用「先天易數盤占卜」，令他不用說明問何事項，引導占卜者暗看摺圖上「易林堂」設計的「先天易數盤」，找其問事之事項。先找先天盤，找到占卜事項後，拿一張先天牌卡，令其放在卦圖挨數盤上，假如先天盤是「離」。再另其找「後天盤」與先天盤相同的事項，再拿一張後天牌卡，令其放在卦圖挨數盤上，假如是「乾」，然後引導在心中默念卜卦之事宜（弟子○○○誠心恭請伏羲、文王、周公、孔子、鬼谷先師、神農大帝，六大聖人，以及列位神君，今日因問○○之事，欲透過「先天易數盤」來解析，是非曲直能顯現於先天易數盤上），默念完後在八卦牌卡上，任意抽出一張，假如是2兑卦，者此為百位數2，再將先天牌卡所放的卦「離」，順時鐘挨推二圖（本身位置要算）為坤「8」十位數（假如任意抽出為5巽，者順時鐘挨推五圖，本身位置要算。離順推五圖為坎「6」十位數），其次在後天牌卡所放的卦「乾」，順時鐘挨推二圖（本身位置要算）為坎「6」個位數（假如任意抽出一張為5巽，者順時鐘挨推五圖，本身位置要算。乾順推五圖為巽「5」個位數，合成數為五六五之數），合成為二八六之數。翻看書中易數二八六即是：

二八六：占問求財事稱心，東西路道互相應，
雖然費卻心機力，利息終得百萬金。

白話註解（師）：占求財，這個卦表示能夠成功，冥冥之中四周的人事物將會給當事人好的回應，話雖如此，請當事人切記，無論老天爺如何眷顧，一切都得靠自己努力才有真正的所得，只要肯努力，定是能夠賺大錢的，但更要惜福感恩。

本書易數即很清楚的告知占卜之事宜及項目與吉凶了。

先賢將其六十四種現象套入了盤中，分別放在八圖上，應用先天八卦及後天八卦交錯的原理，成了五百一十二條卦詩。易林堂編輯部由「楊欣諭小姐」特別以白話註解，讓讀者更能明瞭其意涵，使用更方便、快速。

先天易數分成有白話專解（楊欣諭註解）的共288頁，方便解卦者或營業占卜者解卦用之參考，此有白話專解的在全省各大書局均有售。

另一本是單存只有五百一十二條的卦詩，可讓營業占卜者，直接給客人占卜查看卦詩用，沒有白話註解（全書一百二十八頁），所以沒有在書局販售，此本卦詩與一面繡布印製彩色「先天易數的先後天挨數盤」及牌卡五張（切開成十張圖卡）再一副三十二張八卦牌卡、六張動爻牌卡（此牌卡也可應用於易經占卜用）只送給購買先天易數占卜DVD教學的朋友。購買此DVD約110分鐘附送以上之道具，原價2200元，特價1320元（於286頁有詳細介紹）。

本書先天易數、白話專解篇會放在**八字決戰一生**系列中，乃本書與**八字決戰一生**有異曲同工之妙，可訓練解卦、推演之活盤，沒有門檻，進入相當快。

易林堂敬祝所有支持易林堂的好朋友，事業鴻圖大展，安康、順利！

易林堂編輯部

先天易數（天書）占驗要訣

先天易數導讀（二）

取數法：先引導在心中誠心默念恭請神君，及卜卦之事宜後再取數。

一．取數：抽占卜牌卡。或拈米粒。或隨意寫一字，算其筆畫數。或報數目字皆可。

二．取數一至八為基數，超過八除以八或減八的倍數，視餘數為用，為第一個數目，稱為「百位數」。整除、餘數0為八，九等於一、十等於二、十一等於三、十二等於四、十三等於五、十四等於六、十五等於七、十六整除等於八，餘類推。

三．要問事的事項，先於先天盤（第十三頁）上找屬在何卦上，便於挨數盤（第十五頁）卦位上，順時鐘方向，推至前第二項之基數為止，視其「**後天卦**」上的先天數為何數，為第二個數目，稱為「十位數」。

四．再於後天盤（第十四頁）上找要問事的事項，必須與第三項的先天盤（第十三頁）的事項相同。（如問事項為買屋，者先天盤的兌卦上找到買屋、然後於後天盤上的巽卦，找到相同的買屋。）於後天盤（第十四頁）找屬在何卦上，便於挨數盤（第十五頁）位上，順時鐘方向，推至前第二項之基數為止，視其「**後天卦**」上的先天數為何，為第三個數目，稱之「個位數」。

五．由第二、第三、第四項取得之數目，再查對本書中的條文（第十八頁至二七四頁），便知問事的答案之吉凶。

例如：問開店。取數得二十七。（取數可參考第八頁一．取數法：）

1．二十七數除以八（或減八之倍數，為二十七減二十四餘三），餘數三。者以三為第一個數目，為百位數，為三□□。

2．問開店。於先天盤（第十三頁）上找到「開店」為在「離卦」欄上。再於挨數盤（第十五頁）上的「離卦」位上放上先天牌卡，順時鐘方向，推至1所取得之基數三，本身要算，從離（順推一）、順推二為坤、順推三為兌，落點在「兌卦」上，先天八卦數為二，為第二個數，為十位數。為三二□。

3．問開店。於後天盤（第十四頁）上找到為在「震卦」欄上。再於挨數盤（第十五頁）上「震卦」位上放上後天牌卡，順時鐘方向，推至1所取得之基數三，本身要算，從震（順推一）、順推二為巽、順推三為離，落點在「離卦」上，先天八卦數為三，為第三個數，為個位數，所取得為三二三之數。

4．由1、2、3項取得為三二三之數，查對本書之三二三之條文，即知答案為：三二三：卦占開店許君開，福德交臨廣進財，本少利多交易好，貴人騎馬自天來。

白話註解(革)：占開店，這卦裡是個好兆頭，是財源廣進的徵兆，而且也懂改革創新，成本低利潤高，各種好事者會自動兜在一起，不需費心安排，貴人也會自己靠過來。記得順利的時候要懂得回饋社會，多給自己積福德，以後的好處才會長長久久。

再例如：問求財。隨意寫一字「琳」。(取數可參考第八頁一.取數法：)

1. 琳算其筆畫數為十二數(王原本玉部以五數計，但用於占卜求數目，可直接用書寫的筆畫數計算。不用姓名學求部首的方式算數目。如育：月直接算四畫，不用算「肉」部的六畫，求得育為八數)，者十二數除八餘四，四為基數(或減八的倍數，為十二減八餘四也可)。者以四為第一個數目，為百位數，為四□□。

2. 問求財。於先天盤(第十三頁)上找到「求財」為在「離卦」欄上。再於挨數盤(第十五頁)上的「離卦」位上，順時鐘方向，推至1所取得之基數四，本身要算，從離(順推一)、順推二為坤、順推三為兌、順推四為乾，落點在「乾卦」

上，先天八卦數為一，為第二個數，為十位數。為四一□。

3.問求財。於後天盤（第十四頁）上找到為在「乾卦」欄上。再於挨數盤（第十五頁）上「乾卦」位上，順時鐘方向，推至1所取得之基數四，本身要算，從乾（順推一）、順推二為坎、順推三為艮、順推四為震，落點在「震卦」上，先天八卦數為四，為第三個數，為個位數，所取得為四一四之數。

4.由1、2、3項取得為四一四之數，查對本書之四一四之條文，即知答案為：

四一四：无妄求財終有望，世高應下兩重財，
若逢三七十數內，自然方遂君心懷。

白話註解（无妄）：占求財，雖然這個卦叫做无妄，不過對求財來說卻是帶來希望的一個卦。而且當第一筆錢進來時，隨即第二筆錢也將進來了，還有三、七與十，的日期、月份，這些都可為當事人得幸運數字，而帶來機會。其實也可以順其自然就好。

以上為使用「先天易數」占卜的導讀，只要反覆復習幾次及反覆研讀導讀，跟著操作二、三次後，即能熟悉了。在此感謝您對「易林堂」支持。於一0二年十月六日有一場「玩命遊戲一」的演講，即將登場。歡迎大家共襄盛舉。敬祝安康。

一場最震撼 **玩命遊戲** 的演講

即將登場!! 完全免費入場

102年 10/6 (早9:40分~12:10)

~請提早入席~

國立台南生活美學館(3樓國際會議廳)

地點:台南市中華西路二段34號

演講者:天易(太乙)

演講內容	最震撼的五術學理大突破，公開發表。透過最簡易的生肖與生肖之對待，利用生活中的食衣住行育樂，將最深奧的易經、八字、姓名學、陰陽宅，玩弄在手掌心，我們稱之—「玩命遊戲」。完美揭示造化生命契機的真諦

9月26日以前報名者(利於統計贈書)，當日來聽演講者，可免費贈送「先天易數(天書)」全書128頁及先天易數專用牌卡5張(切開成十張圖卡)。超過報名日可免費入場，但不贈送「先天易數(天書)」。

當日於演講結束後**免費贈送-解開神奇數字代碼(二)，全書352頁**

報名電話:06-2158691 杜小姐、王小姐

先天盤

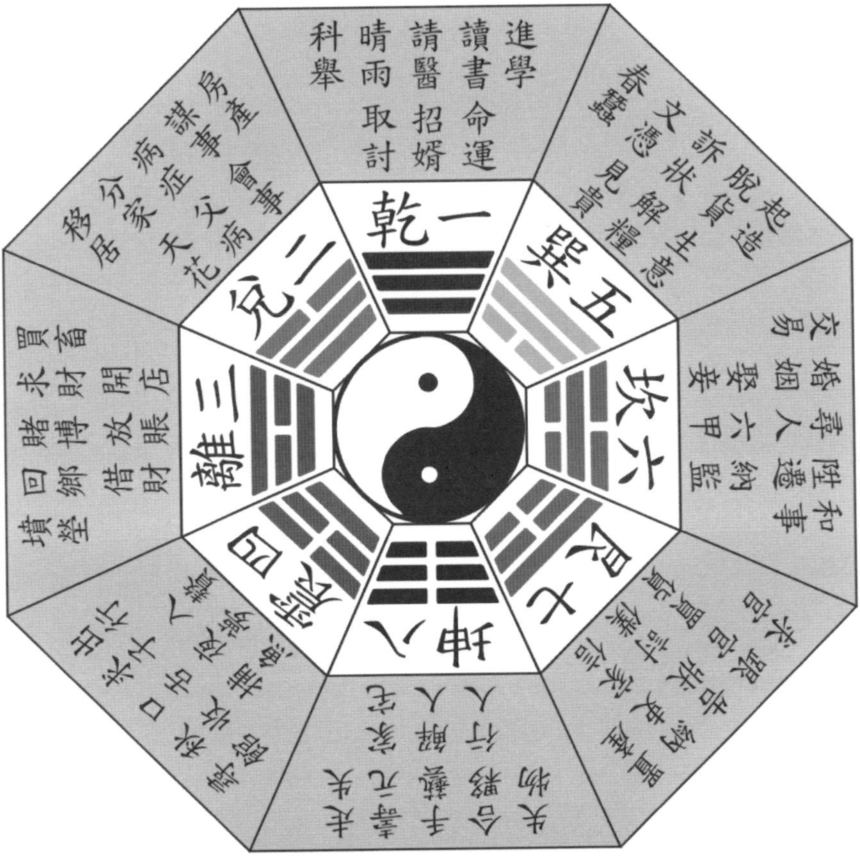

坤	艮	坎	巽	震	離	兌	乾
家宅 解人 行人 走失 壽元 手藝 合夥 失物	家信 討僕 買貨 置產 納吏 告狀 跟官 求官	納監 六甲 娶妾 和事 陞遷 尋人 婚姻 交易	生意 解糧 見貴 起造 脫貨 訴狀 文憑 春蠶	入贅 夜夢 捕魚 出行 求子 口舌 秋收 尋館	開店 放賬 借財 買畜 求財 賭博 回鄉 墳塋	會事 父病 天花 房產 謀事 病症 分家 移居	命運 招婚 取討 進學 讀書 請醫 晴雨 科舉

後天盤

坤	艮	坎	巽	震	離	兌	乾
家宅 解人 行人 走失 壽元 手藝 合夥 失物	家信 討僕 買貨 置產 納吏 告狀 跟官 求官	納監 六甲 娶妾 和事 陞遷 尋人 婚姻 交易	生意 解糧 見貴 起造 脫貨 訴狀 文憑 春蠶	入贅 夜夢 捕魚 出行 求子 口舌 秋收 尋館	開店 放賬 借財 買畜 求財 賭博 回鄉 墳塋	會事 父病 天花 房產 謀事 病症 分家 移居	命運 招婚 取討 進學 讀書 請醫 晴雨 科舉

挨數盤

盤

推

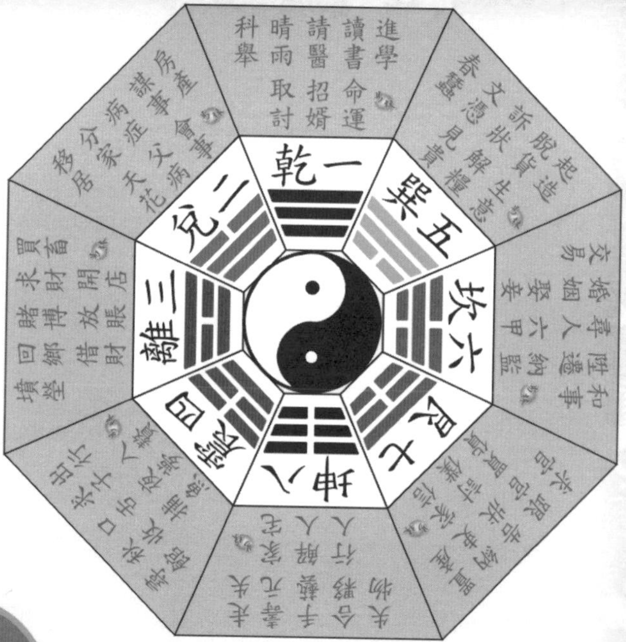

先天盤

坤	艮	坎	巽	震	離	兌	乾
家宅 解人 行人 走失 壽元 手藝 合夥 失物	家信 討僕 買貨 置產 納吏 告狀 跟官 求官	納監 六甲 娶妾 和事 陞遷 尋人 婚姻 交易	生意 解糧 見貴 起造 脫貨 訴狀 文憑 春蠶	入贅 夜夢 捕魚 出行 求子 口舌 秋收 尋館	開店 放賬 借財 買畜 求財 賭博 回鄉 墳塋	會事 父病 天花 房產 謀事 病症 分家 移居	命運 招婿 取討 進學 讀書 請醫 晴雨 科舉

文事業出版
186巷2號
oo.com.tw

後天盤

坤	艮	坎	巽	震	離	兌	乾
娶妾 口舌 科舉 賭博 討僕 訴狀 解人 天花	交易 病症 入贅 手藝 跟官 請醫 文憑 墳塋	生意 命運 求官 夜夢 行人 分家 放賬 六甲	置產 婚姻 走失 買貨 起造 招婿 回鄉 捕魚	出行 開店 失物 告狀 解糧 和事 取討 父病	求子 讀書 合夥 納吏 納監 謀事 買畜 春蠶	尋人 進學 家信 會事 尋館 見貴 家宅 借財	移居 求財 壽元 晴雨 陞遷 脫貨 田產 秋收

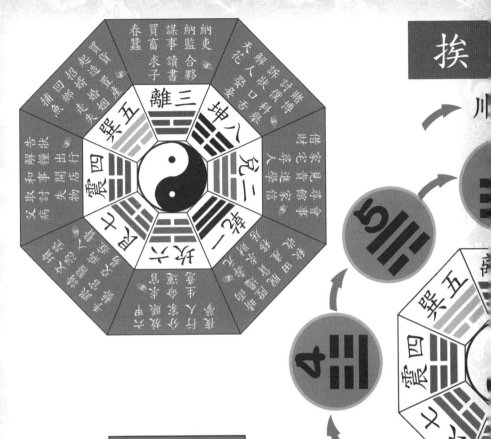

先天易數（天書）
五一二條占驗詩詞及白話註解

一一一：天雨問晴天必雨，天晴問雨主天晴，
若要雨落看亥子，晴多雨少數分明。

白話註解（乾）：占晴雨時，若恰遇到下雨的天氣即代表所預測之日會下雨；占晴雨時若恰遇天晴，即表示所占之日為好天氣。若要問何時會下雨則需逢地支亥子日，亥子日若天晴，則代表所占之日水氣少，若雨天則代表當天雨量多。

一一二：進學占之履卦爻，文書官鬼兩相交，
才名俱備得推薦，定主他年在錦標。

白話註解（履）：若問升學之事，得到這個卦是非常好的。對升學很好的象徵，尤其在此相交在一起，更是好上加好。且得此卦表示此人是有才華又有名氣，會得到貴人推薦，只要加上自己的用心，是一定會考上自己想要的學校了。

一一三：鬼爻持世卦相通，又許讀書望進身，
從此功名將得望，須知入泮有鴻名。

白話註解（同人）：占讀書之事得此卦，表示得到「天時」，時機相當有利；但時機有利之外，需緊記不可懈怠，更應該加緊用功念書以乘此良機。若有努力用功，再加上此卦中恰當的時機，要求功名不用說，是非常有希望上榜的！

一一四：取討財物先不易，爻中財盡始相還，
秋冬初討空無財，夏季春時不耐煩。

白話註解（无妄）：占算取討之事，得此卦表示最初要向人討回出借的財物是困難的，可能會等到自己身邊的財產花得差不多了，對方才會開始還回。此也表示行動時機不對，秋冬季時討取，明知時機不對還是要討，卻又沒有耐心等到春夏之時。

一一五：選婿未成來問卜，誰知好事多反覆，應來生世得成全，福祿優然終分宿。

白話註解（姤）：占選女婿之事，因為不順利而前來問卜，哪知好事多磨，選擇機會很多，反而容易令人反覆不定。應該果斷捨去現在，在未來才能得到良好的結果，要知道不論如何都需要有所取捨，有捨才有得，如果仍然猶豫不決是不會有好處的。

一一六：舊來命運固非順，財旺人興值此時，福來家興多遂意，貴人相遇來扶持。

白話註解（訟）：占近期運勢得此卦，過去的、以往的確實並非順遂，不過現在人財兩得的好時機終於來到了，擁有非常興旺的福氣，做任何事情能夠順心如意；還有機會遇到貴人相助，有好的機會務必記得把握良機，自己應該好好努力來掌握機會。

一一七：縱有名醫良國手，淹淹未見退災憂，若逢應位來生世，甲寅之日見奇蹟。

白話註解（遯）：占就醫，現在即使請到了有名望且手腕高明的醫生，病情仍然像是颱風天淹大水，水災無法退去似地，毫無改善且令人憂心。此時只能等待機緣的到來，如果真有緣能逢得良機，將有機會再甲寅之日得到真正的幫助與改善。

一一八：文書官鬼問蘭亭，許宴佳賓有名利，水上流年多有選，今年科舉只平平。

白話註解（否）：占國考，此次的考試多取決於文采的流暢華麗程度，另外若與達官顯貴有良好的交情亦有所幫助。這回國考是已知的成份佔大多數，若只是穩扎穩打的考試，則今年只會有普通的成績而已，應該再接再厲，繼續努力定有機會。

一二一：移居斷許遂君心，福德星盛利祿厚，
若逢東南財得旺，家成業就樂昇平。

白話註解（夬）：占算遷移之事得此卦，是一個如意順心的好兆頭，就像有福德星高掛一樣，實質上的利益可以得到不少。這次的遷移是非常有利的，甚至能帶來家業的良好成就。東南方在此時是對財運有利的方位，可以從此方向去尋找遷移的地點。

一二二：君占會事恐無得，義氣相投事可順，
若在秋冬能有望，如逢春夏事多憂。

白話註解（兌）：占算會商、接洽之事，表示若在普通的狀況之下，這次的商量可能不會有結果，但如果能夠增進彼此的友誼，彼此的想法更相近，義氣投合的情況則商量之事可有進展。占算的當下季節則以秋冬時節較有進展，春夏則表示容易停滯不前。

一二三：子孫臨應福神祥，謀事求職百事宜，
春季冬時方可成，夏秋占此事願違。

白話註解（革）：占求職，此卦表示這是福神當頭的好兆頭，可以盡量地去做，無論是何種行業，不論所應徵的是什麼職業，都是順利合宜的象徵。但有可能要等到春季與冬季的時節才較為順利，夏季與秋季時，比起春季與冬季來就不會那麼順利了。

一二四：財來生鬼病難醫，父母家星需護持，
夙願如今還應早，一旬半月得評論。

白話註解（隨）：占親病，這個卦表示此次病況非常複雜。此卦顯示有「財」在卦中，六神之中「財」會剋「父母」，這個象對於父母的病情頗為不利。此時病況仍處於混沌的狀況，能轉好或是轉壞都還很難說，至少也得等十天半月才能得到結果。

一二五：應財世逢事能成，買屋占來稱順心，
富貴榮華由此得，家成業就永安康。

白話註解（大過）：占房產相關之事，得此卦，表示是一個所有事情都能相輔相成的，此事自起頭開始就是一個容易順心如意的吉象，是很好的卦，還可從此房地產中得到極大的財利，家庭事業兩順心。可以不必太過擔憂，放心地去做。

一二六：分家君占欲上疑，管教日後不差池，
春秋財旺無煩惱，任意為來總得宜。

白話註解（困）：占分家產之事，表示雖然對此事有所疑慮，但就像某些事情只能等待時間沖淡，某些倫理之事是能夠待日後來解決的。財產方面若占卜之時值春季與秋季，此卦有財旺的象徵，只要不是太過揮霍的支出，可以不必煩惱金錢方面的事。

一二七：卦占疾病數無妨，福德天星高空照，
亥子庚辛痊癒好，五行有救壽綿長。

白話註解（咸）：占健康問題，得此卦表示這病不複雜，沒有大礙，可以不必擔憂。天福與天德兩星都很強，自然是可以安然度過。占卜之日若在亥子日或庚辛日則更是好上加好，表示能快速痊癒。整體而言是個健康長壽的好卦。

一二八：嬰兒得喜數無妨，福德臨爻不必憂，
服藥且看過未午，合家歡喜把神酬。

白話註解（萃）：占子女生病，得此卦表示此病沒有大礙，天福星與天德星雙星俱臨，可以不必擔憂。但還是要記得讓小孩按時吃藥，並且在午時與未時之際檢查看看孩子的病況，應可好轉，並且記得痊癒之後準備一些素果敬神答謝。

一三一：求財應緩不該急，允時亦少定不多，甲乙寅卯方有望，卦爻注定斷無訛。

白話註解（大有）：占求財，得此卦表示問卜者太過著急，愈是著急反而容易壞事，這裡提示為不應太過急躁，且短時間內即使能夠求得錢財，也不會得到很多。占卜之日若正好逢甲乙寅卯日則比較能有希望，但仍切記，多聽勸，不可著急誤事。

一三二：財銀借取問神明，托保求之亦可成，亥子庚辛財發動，目前不遂莫生嗔。

白話註解（睽）：占問借款之事，得此卦表示可以尋求他人的協助，若有人願意當保證人則有機會成功。占卜之日若正好是亥子或庚辛日，表示能夠獲得更多的財氣，可以借到更多。但是要記得，不可因為眼前短暫的不順遂而去怨恨他人。

一三三：欲占買畜最為良，世應相旺百事昌，數定買來合君意，牛多生息馬騾強。

白話註解（離）：占養寵，此卦是最好的，所有的事情緣份都能夠兜在一起，與此相關之事皆順心如意，且此卦顯示這隻寵物不只健康強壯，肯定能夠讓問卜者非常喜歡，能夠豢養一隻討喜可愛的好寵物。若是細心照顧，還能夠帶來好運呢。

一三四：開店占之主大財，妻財持世定無乖，春秋夏季財多息，冬至平平少稱懷。

白話註解（噬嗑）：占開店，此卦得之，乃是高枕無憂，事事順心，能賺到很多錢之意。凡是問與錢財相關之事，得妻財持世盡皆順利。占此卦時若是春、夏、秋季，都是很好的，能夠順利賺大錢，如果是冬季水旺之時則收入較為平平，少稱心。

一三五：回鄉占此主平安，福德財源兩字全，伴侶定教逢貴客，路途更覺能心寬。

白話註解（鼎）：占回鄉，得此卦表示平平安安，旅途順遂。卦中有福德，又有財源，表示旅途中有機會結識彼此暢談愉快的旅伴，路途再怎麼遙遠也能輕鬆愉快地到達。而且這位新結識的旅伴，未來將可能成為問卜者的貴人。

一三六：此卦占來放帳宜，管教日後不差池，夏秋得意無煩惱，任意為之不必疑。

白話註解（未濟）：占問放款、錢財借出之事，得此卦表示此事得宜，毋須擔憂這筆帳款是否能收得回來，是可以分毫不差安穩回收的。占卦之時若是夏季與秋季，表示更是確實地可以放心，不必為此煩惱，就放手去做，不用去懷疑給自己煩惱。

一三七：墳塋龍脈不為佳，定主無情不必誇，左右有坑還有破，別尋求巽壽榮華。

白話註解（旅）：占墳墓之事，此墓所在位置的龍脈不是很好，龍脈不佳表示無情，當然不可以讓祖先的墓地坐落在此。左方與右方各有坑，這對墳墓來說是不好的，自然無法從此位置來庇蔭子孫的健康與榮華。得此卦應另尋墓地，以乾巽坐向為佳。

一三八：賭博求謀先聲難，本宮財盡始相還，秋冬欠勝無些利，春夏還勞不耐煩。

白話解釋（晉）：占賭博、手氣，不會有任何好結果，只會不斷的輸，雖然輸光了的時候還有機會回來，但這也不會有什麼賺頭。占卦若為秋季冬季，勉強打平，但也同樣的連蠅頭小利也沒有，若是春季與夏秋季也得經過一番奮戰，還是別賭了吧。

一四一：財臨應位能收成，種作田禾增十倍，水足米乾天意好，一年收勝兩年春。

白話註解（大壯）：占秋收、長期投資，此卦表示有財星到臨，種植收穫豐富，當然也代表只要適當的投資，增加好幾倍不是難事。整個投資環境與時機情況非常好，該有的不會缺，不該有的也不會來，僅此一年的收穫就可以抵過兩年的份了。

一四二：子孫無位兩文書，奈何旁人攙是非，有館被人尋奪去，枉徒勞碌費奔馳。

白話註解（歸妹）：占店面、住宿，此卦表示並不是沒有好的地點，只是費了千辛萬苦終於找到的好地點，也因旁人的口舌搬弄，本來應該說成的好事也會莫名其妙地變成不是自己的，被人拿走，最後一切心血都歸零，只是做白工而已。

一四三：子臨福位子孫明，求子占之許遂心，
若是早年刑剋過，如今不久產麒麟。

白話註解（豐）：占求子，此卦中表示這次求子能夠順心如意，順遂毋須擔憂，可以順利得子，而且會是個又健康又可愛的孩子。另外若問卜者的命中已經過了不順、刑剋的年月，再過不久就可以有個孩子，而且很有可能是個男孩。

一四四：出行占此恐非宜，兄弟臨門是非多，
世應逢沖阻礙生，不宜妄動且遲遲。

白話註解（震）：占出行，表示並非很適宜。卦象中有是非的象，出門恐怕會招惹多餘的是非；此卦中還有沖，表示周遭環境的一切都不是很合宜，容易生出其他更多阻礙。如此，若不是非常有必要，事情可以改天再辦，此時還是乖乖待在家中來得好。

一四五：捕漁占之遂心懷，上流有利任君懷，
專心致志必君得，縱橫張網登釣台。

白話註解（恒）：占捕漁也可代表短期投資，此卦只要提早進場將能夠順心獲利，得到多少，一切都任憑問卜者的努力來取決，只要專心一意，發揮所持有的資訊與知識能力去投資，這筆獲利必然分毫不差，代表捕魚一樣有大收穫，肯定是屬於自己的。

一四六：君逢夜夢不相疑，名利牽掛事不濟，
家道人丁暫驚恐，時來運到夢魂齊。

白話註解（解）：占夢境，得到這個卦表示問卜者太過在意夢境了，只在意虛幻的夢境而不實際好好賺錢，只憑著夢境的提示，是不會有名利從天上掉下來的。不如先踏實一點，讓家裡的人得以安心，時機到了，好運自然會降臨。

一四七：君爻持世未和諧，入贅求婚莫妄為，
只好回頭尋別計，免教別後有悲哀。

白話註解（小過）：占入贅、入住妻家，卦中有不和諧的象徵，表示兩人相處不來，或是兩家有不和諧的地方。結婚是終身大事，必須好好慎重考慮，切莫隨意決定。建議另尋別的方法解決，免得急著結婚或入住，結果鬧得雙方不愉快，徒留悲傷而已。

一四八：是非口舌事多端，世位逢財多不安，
凡事勸君退一著，方保事後心得寬。

白話註解（豫）：占口舌、糾紛之事，表示此次糾紛牽扯近來的事情太多，不容易化解，且卦中顯示令人不安的要素太多。奉勸「退一步海闊天空」，別太逞一時口舌之快，等事情過後，也好讓自己無牽無掛，不用後悔當初說錯話，鑄成無法挽回的錯。

一五一：君占銷售總逢困，反覆延遲空往還，
巳午未臨才可脫，過期又恐有牽纏。

白話註解（小畜）：占賣貨、銷售，短期內會有困難，總是反反覆覆，不斷拖延、遲了又遲，總是做白工，不管如何費心聯絡總是白費工夫而已。若脫手時機正好遇上巳午未日則表示要脫手仍然可以，但如果過了這些日子，恐怕又要拖延好一段時間了。

一五二：君占見貴事如何，一見應知喜氣多，
多利重重終有望，先天神數不差訛。

白話註解（中孚）：占見貴、面試，此次的結果是不需懷疑，會有好結果的，這一見會帶來很大的利益，會為日後各種事情帶來幫助，放心不必想太多，一切都會順心如意，放輕鬆即可。不論是為了什麼目的，去就對了，這些好處以後將可以驗證。

一五三：卦占有喜財雙重，福德星臨應上來，
春蠶養殖休掛礙，十分財喜稱心懷。

白話註解（家人）：占養殖，此卦表示喜事多多，財氣也很重，此時是很適合開始養殖的，且有福德星的庇蔭，勢必可以得到良好的豐收成果，得到此卦表示完全不需要擔心憂慮，一定是能夠為問卜者，帶來良好財氣收入的結果。

一五四：收解錢糧主太平，六爻無鬼不虛驚，
上下貴人多得力，定官得利轉家庭。

白話註解（益）：占、解糧、運輸、運貨，表示存在太平之象，運貨能夠平安無事，不會遇上多餘的麻煩、困擾，是不需要擔心的，且此事情遇有貴人協助，順道也會帶來些好的運氣，對職位、錢財等都有實際上的利益，且是為家庭事業帶來豐利的。

一五五：數占起造許君為，日吉時良萬事宜，起後財源還許勝，任君造作不須疑。

白話註解（巽）：占起造，此卦表示一切事項都是合得上的，所選擇的這個日期與時間非常適宜，日子好、時辰也好，這樣的時機萬事都會順心合意。開始建造之後的財源也會源源不絕，不需擔憂，且還會有剩下盈餘，可以放心的做，不需任何擔憂。

一五六：福德星強喜氣臨，生意經商百事宜，當道貴人應可託，從今名利不奔馳。

白話註解（渙）：占生意、經商，這個掛有福德星降臨，帶來很強大的喜氣，在做生意的時候會帶給問卜者萬事順心，高枕無憂。若仍然放不下心，問卜者身邊應該有可以託付的貴人才是。此次生意不用太過奔波勞碌，還可帶來名利兩順心的額外好處。

一五七：文書重見領文憑，反覆其中實可疑，巳午未臨終有望，過期又恐有耽遲。

白話註解（漸）：占簽約、證書，得此卦表示這件事情中有反覆不定、模稜兩可的地方，需要非常留意且小心為上。占卦之時若是遇到巳、午、未日表示這個簽約還能有希望，若是剛好過了巳、午與未日，則表示雖會成，卻可能會有耽擱延遲。

一五八：訴辯占之許遂情，文書官鬼兩分明，向陽有理無刑罰，日後方知卦似神。

白話註解（觀）：占被告澄清，表示問卜者將能順心如意，因為此次的訴清冤情，問卜者這一方有理，可以說公理是站在問卜者這邊的，只要合理、合於道義公正，不需擔心其他事情，無論現在的情況如何，只要等著看結果，公理自會有明證。

一六一：財爻應來可陞官，仕宦占之必主歡，
秋夏陞遷消息到，人情謀幹得雙全。

白話註解（需）：占陞遷，此卦中有財，表示也有陞遷之象，此次詢問的陞遷必順心如意。陞遷的消息應會在夏季或秋季接到。雖然有可能是需要跨縣市的陞遷，但是此次陞遷是能夠兼顧家庭與事業的，可盡管放心地接受此職位。

一六二：陰險重重卦難安，尋人占此恐難平，
世剋應爻有進退，只宜訪察可心寬。

白話註解（節）：占尋人，卦象中險難不少，雖是個令人不安的卦，但是問卜者卻沒辦法介入。卦中雖是災禍之象，但任何好壞都有其時機點，壞事會來，同時也會過去。在這裡問卜者除了繼續打聽消息之外沒有可以做的事情了，還是盡量放寬心吧。

一六三：納監占之怕子孫，文書官鬼兩星明，
崢嶸仕路何須慮，定註財物兩稱心。

白話註解（既濟）：占普考或地方選舉、送禮，此次將能非常順利，文書與官鬼俱在，是順利的徵兆，且能帶來光明的前途，哪裡需要任何擔憂呢？這卦中所顯示的，必定是順心得意之兆，只要問心無愧，不過度任意妄為，自能得福星高照。

一六四：文書官鬼兩相侵，和事應知不順情，
有事定然反覆去，只須忍耐免虛驚。

白話註解（屯）：占和解，這個卦表示卦中有文書與官鬼，這兩個會互相侵伐，因此占問和解之事是無法順利的，表示仍然會繼續相爭好一陣子。不過世間事總是重複著來了又去，去了又回這種輪迴狀態，此事一樣只需要讓時間沖淡一切即可，不用驚慌。

一六五：求婚占之十分宜，官鬼妻財兩見之，更喜媒人多助力，定教舉案得齊眉。

白話註解（升）：占求婚，此卦表示非常適宜，天時地利人和俱在，一切都非常良順，郎有情，妹有意，喜氣多多，當然若有媒人、長輩或友人來多湊合相助，更是錦上添花，順心得意。此卦占得，求婚勢在必成，大喜之日指日可待。

一六六：孕育求占險與平，臨時略略有虛驚，庚辛申酉長生日，臨產雖凶不損身。

白話註解（坎）：占生產，若要問是平順或驚險，可以說是會有些虛驚，但在庚辛申酉這些長生之日，雖然驚險但還是不會傷到母體。此卦雖然要多小心注意，但仍不需過度擔心。只要確認該做的檢查都做好了，另外多詢問醫生的意見來調理身子即可。

一六七：交易占來卦得宜，應來生世相扶持，
雖然財利平平穩，信實成交沒是非。

白話註解（蹇）：占交易，得此卦表示非常適宜，各式各樣的條件都會來扶持，自然事事順心得意，但這個卦並不是賺大錢的卦，所以利潤普普通通，但定是一筆沒有爭議、順利和平的好交易，雙方都會得到適當的利益，彼此都能愉快達成。

一六八：卦占外情問姻緣，妻財不現事纏延，
計問招偏緣不是，見枉圖樂莫流連。

白話註解（比）：占外面戀情，此卦表示不會有任何結果的卦，本來該合的事情，到了關鍵時刻總是合不上來，事情老是拖延又折磨。得此卦也表示問卜者目前已有另一個正緣婚姻，別強求現在這個一時的美貌，實際上兩人是無法走長久的。

一七一：置田占此不得安，差重糧多莫妄干，又見鬼爻臨世位，慎防反覆般弄多。

白話註解（大畜）：占買田、買土地，得此卦表示此事不宜。若是要買來種植農作物或植物的，這塊土地本身不肥沃，農作物與植物不會長得好，也不是一塊會帶來什麼好處的地。且卦中有小人搬弄是非之象，需慎防帶來其他的是非與麻煩。

一七二：家信來時應巳午，六親骨肉喜平安，勸君急整歸家計，免得家中望眼穿。

白話註解（損）：占家信，這個卦表示現在家裡平安無事，不需多餘的擔憂，不過也記得多回家看看家人，即使不回家，也要多打電話報平安，家人非常擔心你。即使現在不給家人聯絡，在巳午日就會接到電話或者家人的突然來訪了，還是主動聯絡吧。

一七三：參政功名宜斟酌，文章無位枉勞神，
莫嫌此卦多屯咎，只恐他時反被侵。

白話註解（賁）：占參政、選舉、高考，得此卦，若要由參政、選舉之途圖功名，請務必再三思，這個卦中沒有利於參政之象，也許只是徒費心神而已。不要嫌棄這個卦不好，若是到時身在官場中卻被中傷才是更糟糕的事，還是在此時就收手吧。

一七四：君占告狀卦逢官，財旺生官福祿全，
冬夏成權多得力，許君財喜兩平安。

白話註解（頤）：占原告口舌告狀，這個卦表示事情平順無憂，不需擔心。有旺盛的財氣，福祿也非常足夠，完全足以應付這次的官司。若是在冬季或夏季，能夠更迅速地順利解決，將有更多的助力會出現，無論是人還是財，都會毫髮無傷的。

一七五：今因買貨問神靈，定是求謀得遂心，
當道貴人皆來助，此行最終有收成。

白話註解（蠱）：占買貨、買進，表示相當順心如意，且有專精於此道的貴人相助，這樣一來必定有所收穫。不過必須小心的是，買貨人似乎並不是很熟悉這塊領域，雖此次有貴人相助，但下回未必有如此好運。但這回仍是可以順心如意豐收的。

一七六：求官謀職卦為高，財旺生官福祿豐，
秋令冬時得良位，親榮妻貴樂淘淘。

白話註解（蒙）：占謀官、謀職，是非常優良的，表順心如意，財氣旺盛、官運亨通，問卜者本身就非常適合身在公家機關來工作，且此位是個好位子，不會太勞祿、也不會太多是非，在秋季或冬季就能夠接到上任通知，且全家都能夠跟著受惠美滿。

一七七：君今屬意進衙門，福德星臨百事亨，
秋夏冬時多利益，春間少遂莫生嗔。

白話註解（艮）：占舉薦、競選、當公務員，表示能夠順心如意，有福德星當臨，任何萬事都可以順利得意，事事亨通。若於夏、秋季或冬季上任，表示事情多順利如意；如果是春季，則表示會有較多小阻礙，切莫因此影響自身情緒，這只是最初而已。

一七八：君因徵員來占卜，福德星臨事事亨，
雖是當前多阻隔，遲遲方許可交成。

白話註解（剝）：占徵員、聘用之事，此卦表示雖然目前看起來好像很麻煩，有很多的阻礙，但這個卦是福德星臨，是代表萬事亨通的好兆頭，所以現在看起來不順利，只要登報應徵耐心等待，便可水到渠成，雖說事情會有遲延，但還是會順利的。

一八一：君來卜卦問壽年，生來衣祿是天權，
應知生死榮枯事，八八加三夢九泉。

白話註解（泰）：占壽元，何必如此擔憂呢？要知道，那是打從娘胎出生就早已決定好的事情。生與死，榮華富貴，能有多少的錢財，能有多少的時間，這些東西都是凡人無法干涉的。至少會活到八八加三歲吧，而這種天註定的事情，就順其自然吧。

一八二：家宅重重見是非，破財疾病有些微，
若有鬼神來相助，春夏秋冬皆相宜。

白話註解（臨）：占家事，家庭環境似乎頗為複雜，人多嘴雜事非也多，也容易有些不當支出，家中也會有人生病，但以上都是日常的小災難而已，不必擔憂。可以給自家的祖先上個香，或到廟中祈求神明相助平安順利，如此可常保全家平安順利。

一八三：日月同逢卦最靈，君占合夥甚施為，
六爻安靜身心旺，不必多疑聽是非。

白話註解（明夷）：占合夥，這卦表示實質上是很適合的，在時機上與彼此夥伴的合作上都相當有利，有事情平順和緩之象，表示彼此可以合作無間。而問卜者來占此卦表示太過不安了，你自己也明白，這件事情非常值得信賴，何必給自己多餘的疑心呢？

一八四：應來剋世福神傷，失物占之枉白忙，
內外兩人分卻去，勸君捨得莫思量。

白話註解（復）：占問失物，此卦表示這個東西早已給內神通外鬼地瓜分光了，何必再費心尋找呢？再怎麼找都不會回來了，不必再多勞煩，最後只會是空忙一場而已。這卦表示外在的東西來傷到己身，勸君放下為好，只有這樣才是對自己最好的。

一八五：世高應下重重見，走失終須得轉頭，
壬癸亥子終有信，何必著急去追尋。

白話註解（升）：占走失，這個卦表示人不見到現在，總算是開始有眉目的時候了。卦中表示這事情將雨過天晴，不再籠罩層層薄霧。不見的總是會回來，時機到來，壬癸亥子之水日將會開始有消息，不需著急，可以不必擔憂。

一八六：君問訪客何日至，應未臨門音信遲，
庚辛巳午交臨日，可望人財兩見宜。

白話註解（師）：占來訪，想詢問來訪者到底什麼時候才會到，因為在應該來的時候卻沒有音信而擔憂。庚辛巳午日應得消息，且可人財兩得。不會來的怎麼等也等不到，該來的絕對跑不掉，切莫心急，很多事情只能慢慢等待時機。

一八七：技藝求財此卦奇，子孫持世事周齊，
秋冬財源多順心，更遇高人百事宜。

白話註解（謙）：占一技之長、手藝，是非常特別，畢竟藝術家不是一條好走的路，此卦象於財利上是可以滿足的，因此天生您就非常適合走上這條路。在秋冬季，此事的進展將會更為順遂，且有機會遇到箇中高手的指點，百尺竿頭更進一步。

一八八：解人須忌有虛驚，費力勞心不得寧，
交卸擔頭心始放，若不小心有傷刑。

白話註解（坤）：占保護、押犯，此卦需特別小心，可能有危險，並且此次非常麻煩而費力，應特別小心注意，免得受傷或讓重要的人或東西不見了，除了小心還是只能再小心，特別注意交接的時候，並且應該確實地確定交接完成之後才能放下心來。

二一一：會商接洽卦最宜，朋友重重兄弟齊，速速去邀保全美，庚申辛酉得全財。

白話註解（乾）：占會商、會議、談判，得此卦表示非常適宜，與會者彼此關係良好，彼此就像兄弟一樣，可以得到非常友善的氣氛。記得準時赴約，若是主事者則應快速敲定日期，以近日為宜，若是庚辛申酉日則更為適宜，有平安順心的好兆頭。

二一二：子孫喜至何須慮，不必憂疑且問醫，虎頭蛇尾災星退，待交節氣病才移。

白話註解（履）：占子女生病，此卦表示卦象中有喜臨頭，是不用擔心的，小病而已，時機到了就過去了，也許病症初期看起來有點嚇人，不過仍是不需過度擔憂的，等到節氣交替之時將能痊癒。若仍然憂心，可以多詢問醫生要如何調整。

二一三：財不臨世卦未安，買屋房產慢歡喜，中人多欲難成就，捨此不如別路看。

白話註解（同人）：占買屋、房產，有不安定的徵兆，參與此事的人目標不一，想著這個又看著另一個，騎驢找馬的態度是難以成事，且若是複雜的人參與其中，彷如多頭馬車一般，事情將難以成功。不如果斷一些，捨去糾纏，先去探看別的目標吧。

二一四：占病星辰命犯之，五行有救免憂慮，時逢卯酉災星退，作福祈神莫待遲。

白話註解（无妄）：占健康，表示不巧自己的命格正好與天上的星辰有所犯沖，類似所謂「犯太歲」的情形，不過還好五行的運轉對問卜者是有利的，可以不需擔憂。只要逢卯、酉之日，即表示災星已經開始退去，記得痊癒後務必準備素果答謝神明。

二一五：父母無端疾病占，卦中財動鬼官爻，子未占卜無應事，若把心頭莫掛牽。

白話註解（姤）：占父母親病，問卜者是因為父母親有檢查不出來的怪病而前來詢問。這一卦中有動了財，但卻連官鬼也跟著來了，雖然這卦不是很好，但也不應過度憂慮，若占卜時間是子日或未日時，表示應無大礙，小心求醫，勿胡亂吃太多藥。

二一六：卦問移居許遂心，從今財物自來增，當前爭辯須防備，移過方安切莫緩。

白話註解（訟）：占遷移，這卦表示遷移的目的地非常優良，會給問卜者帶來源源不絕的財氣，且能夠順心如意，但須小心目前的爭辯及口舌是非，宜低調行事，不要太過張揚，在遷移完畢，確實安定下來之前都不應鬆懈，之後可保亨通。

二一七：分家何患不稱心，子孫持世益千金，官臨應位總無忌，老實親族信可憑。

白話註解（遯）：占分家，得此卦表示沒什麼好擔憂的，只是占卜者庸人自擾而已，以卦顯示女兒也要列入其中，即能對親族有加分，因為親戚們都是老實的好人，非常值得信賴，得其應得的東西，既不傷感情，也有適當的利益可得。

二一八：財爻持世進妻財，謀事無妨慢慢來，最喜星辰應在意，更遇高人百事宜。

白話註解（否）：占求職、謀事計畫，此時進行，卦中有財，非常適宜，不過也不需著急，可以慢慢的、穩穩的來，如此才能成大事。重要的是對此求職或計畫的事情上專注，你的能力是足夠的，別擔心，且能遇高人指點，盡情發揮吧。

二二一：子孫持世福神強，家宅占之大吉昌，秋冬季來財興旺，春夏還須防口舌。

白話註解（夬）：占家事，這個卦表示福神當頭，問家裡的事情是非常樂觀而能夠順利的。秋季與冬季來臨時，則表示財運興旺；春季與夏季來臨，則表示雖然萬事順利，但須小心家中的小口角與爭吵，雖然都是可以簡單化解的，但仍應多留意。

二二二：解人不可不提防，嘔氣傷財人不安，幸得貴人多助力，雖然勞苦不傷心。

白話註解（兌）：占保護、押犯人，表示此事本身應當多小心、注意，相當耗費精神的事情，而人一旦長時間處於緊張狀態，脾氣就不好，過程中有可能吃了一肚子氣，勞神又傷財。但幸好，卦中顯示有貴人能來相助，雖然辛苦但還不致遇到真正的危機。

二二三：走失家人在北方，細心察訪不須忙，
秋冬占此難尋覓，春夏交臨定返鄉。

白話註解（革）：占走失，這個卦的結果若是在秋季與冬季出現，表示近期內還難以尋到；若是在春季與夏季，則表示近期將有消息。往北方去尋找應有所獲，欲速者不達只要有耐心尋問即可，若因心急胡亂尋找，只會空忙一場而已。

二二四：世應相助無不遂，惟利微益數安排，
況嫌技藝多靈巧，勞心勞力事可為。

白話註解（隨）：占手藝、學一技之長，可能需要下一番苦工才行，不過本身也很適合這份工作，手很巧，可以做出令人稱頌的精美事物。雖然卦中顯示周遭環境與自己本身裡應外合，不太有不順的事情，但是金錢利益方面則要看個人造化了。

二二五：錢財失卻不須憂，內外藏之可緩求，
庚甲寅申會見面，賊人自犯失機謀。

白話註解（大過）：占失物，得到此卦表示不用心急，因為時間到了，若是失竊，犯人會自己露出馬腳；若是純粹東西不見，則時機到了就會想起，甚至「自己跑出來」。東西其實就在自己的身邊，可以不用著急。庚甲寅申等日子就可見到蛛絲馬跡。

二二六：君來問壽世如何，又恐光陰去已多，
今歲欲防跌撞運，壽元八八夢南柯。

白話註解（困）：占壽元，這個卦表示今年小心，注意自己會跌倒受傷。雖然問卜者來問還能活多久，但又害怕知道自己時間所剩不多，這樣的憂心對身體健康反而沒幫助，建議您還是把握當下吧。可以活到八八歲以上的。

二二七：應來生世逆心懷，君問訪客不自來，
丑未庚辛方有信，人財兩見卦安排。

白話註解（咸）：占來訪，周邊環境與當事人均配合得宜，這樣的卦象是不需擔心，平安順利的。雖然說可能因為各種理由，該來的人還沒到，但也快了，再等一下下吧。丑未庚辛日就會有消息了，卦中表示人財俱得，該來的跑不掉。

二二八：占此財爻不甚佳，與人合夥事難誇，
將來定有爭端起，單身別圖錦上花。

白話註解（萃）：占合夥，此卦中的「財」並沒有很好的象，表示所占卦的這個合夥事業並不會為問卜者帶來什麼金錢利益，且有起爭執的徵兆，合夥做事業最忌如此。不如別淌這渾水，現在比起合夥，更適合單槍匹馬的來，別聽太多表面漂亮的話了。

二三一：見貴還須苦托人，鬼爻臨印要勞心，
應來生世世生我，不必憂疑許遂心。

白話註解（大有）：占見貴、面試，此次的面試不輕鬆，光是前置功夫就非常地勞心勞力，且可能要動用許多人脈關係來進行。不過可喜的是，對方與自己的想法相似，個性相合，可得貴人之助。只要能見到面，就多能夠順遂如意，是可以輕鬆過關的。

二三二：訴狀占之得遂心，子孫持世福神欣，
待交戌日兼寅午，免罪除刑好脫身。

白話註解（睽）：占被告澄清、訴清冤情，這個卦表示對方氣燄不強，且法理亦對我方有利，整個卦象看來是樂觀、不需擔憂的卦象，問卜者這一方不會吃虧，不會有損失，也記得別得理不饒人，寬恕是最好的。只要等到寅午戌日即可有好消息。

二三三：君因起造來問卜，豎柱上樑有吉宿，君因起造占此卦，數鳴遇難任君架；煞在三方須知避，有一言來為君囑，恐防三煞糾纏來，雖然行時且莫話。

白話註解（離）：占起造，這個卦是說，上樑豎柱之時可在寅時，會給問卜者帶來很大的吉祥與順遂，不過特殊的是又有三煞在，起造宜重新擇日、避開三煞之方位。記得起造之時宜沉默是金。

二三四：妻財持世主陞官，占領文書信可安，亥子丑交方有得，貴人當道遇尺緣。

白話註解（噬嗑）：占簽約、證書，這個卦表示對方是可以信賴，此約本身就值得信任，可以不必多慮。卦中有言此約會將帶來陞官之運勢，且能夠得到貴人的幫助，結下良緣。可以選定於亥子丑日進行正式的簽約，以帶來更多的順遂與貴人運。

二三五：鬼爻持世事難諧，收解錢糧事不佳，
若非小心並謹慎，定主刑耗兩相見。

白話註解（鼎）：占運貨、米糧生意，有不好的象在裡頭，這次的運貨不平安是肯定的，但要決定這回是虛驚一場還是真的有所損失，則由當事者的小心謹慎程度來決定。得到這個卦請務必小心再小心，以期將損失減到最小。可祈求土地公加持保佑。

二三六：妻財旺相可陞官，銷售求財亦許安，
亥子丑臨交易好，貴人相助得周全。

白話註解（未濟）：占賣貨、銷售，表示非常好，身邊有人會默默相助，自然也是非常順遂得意，且有陞官的徵兆，有可能做到公家機關的生意，且得貴人相助，更是如魚得水，擁有如此好的機會，記得好好把握時機，在亥子丑日進行交易會更好。

二三七：經商占之許遂心，來人不須苦憂煩，只宜謹慎加斟酌，出入經營任君行。

白話註解（旅）：占生意、經商，這個卦表示順遂隨心，不用太擔心煩惱，只需去注意一些小細節，謹慎地斟酌，別貪小便宜，不要被近在眼前的小利益蒙蔽了判斷能力，只要做到小心謹慎，這筆生意絕對是是經營順利的。

二三八：卯木妻財占大佳，春蠶有益定無差，更兼外卦來相助，絲利重重甚可誇。

白話註解（晉）：占養殖，在春季表示非常非常的好，對此事非常有利，且有外在各種助力存在，可以幫助問卜者此事順遂如意，且可確保之後的利益非常好。這卦是如此之好，且對錢財大有幫助，記得別太過於招搖，即可大豐收。

二四一：問信重重未見來，若逢子午即音至，家中萬事皆安穩，不必憂疑且放懷。

白話註解（大壯）：占家信，現在家裡是聯絡不上的，讓問卜者有點擔心；雖說如此，但家裡一切安好，不用擔憂，大可放心。有時該學著放鬆自己，別人出門在外，卻老把家裡的事卦在心上，適量的擔心與過量的擔憂是不同的。約在子午日可以連絡上。

二四二：歸妹之卦子孫衰，聘用徵員事不良，買得終須防口舌，還可仔細再商量。

白話註解（歸妹）：占聘用、徵員工，這次的聘用員工不是很順利，容易請到彼此溝通不良的員工；若是請到了自己中意的人才，也必須小心會在工作團隊中起口舌是非之爭，不過只要肯費心地彼此坐下來溝通，是能夠有改善的空間的。

二四三：世位逢官應喜生，買貨占來必如心，公平出入且得利，相助應教有貴人。

白話註解（豐）：占買貨，這個卦表示當事人正來到一個很好的時機點，在這個時機點上買貨是能擁有很大的利益空間，且這是一筆公平正當的交易，雙方都可以從交易之中獲得適當的利益，途中會有貴人相助，記得抱持感恩之心。

二四四：跟官舉薦問卜之，財鬼逢沖事不安，莫問別營連利好，只宜守舊可尋歡。

白話註解（震）：占舉薦、當公務員，並非很適合的徵兆，四處都有不好的因素在暗地裡蠢蠢欲動，若照原來的想法去進行，令人不安的要素實在太多。建議現階段只需要守成，保守地行動，好好地顧著自己現有的事業，先不要去想還沒有把握的東西。

二四五：告狀事旺又升官，君問官司理勢全，妻得貴人來助力，秋冬猶覺得耑權。

白話註解（恒）：占原告呈告狀，這個卦充滿了旺氣，是順利且有好官運之兆，且此次的官司於情於理上都非常地有利，卦中且表示會有女性貴人來扶助，不僅如此，這個旺盛的氣勢還會延續到今年秋冬，整體而言是非常良好，順利平安的。

二四六：置田耑此卦為高，中證相逢定主交，祿位福神多健旺，又主詞情可相投。

白話註解（解）：占買農地、土地，卜到這個卦是很好的象，當事人將可得到周遭好的磁場，適當的聚集起來可以形成順利的旺氣，由於這份旺氣是以問卜者而來聚集起來的，福氣自然是多又旺，且有可能因多聊天而遇到志氣相投的好友。

二四七：求官謀職鬼爻持，百里千程得遂緣，舟楫奇才因價重，管教時地姓名傳。

白話註解（小過）：占謀官、謀職，有著對官運非常有利的象，話雖如此，卻需要經過一番奔波勞累，離家愈遠愈容易順遂，且當事人是非常有才能的，但千里馬也需要遇到對的伯樂才成，只要肯努力，必有賞識你的人會出現，且未來可成一位好官。

二四八：參政高考多費利，必須斟酌再三思，官鬼持世成就難，無得還防有是非。

白話註解（豫）：占參政、中央選舉，對當事人來說，這條路太麻煩了，參政這條路對此人來說，是既險峻又崎嶇，勞心傷財就算了，還可能因為口舌是非，反而惹得一身腥。若真要走這條路，請務必好好思考阿，何必硬是把自己塞進不合適的地方呢？

二五一：尋鋪尋館來尋人，兄弟相爭互不讓，
若問別鄉猶可就，西南方上甚難成。

白話註解（小畜）：占尋店面、住宿，表示雖然本來是想找店面的，但也因為總是找不到合適的工作夥伴，反而變得像是在找人，且有因此產生兄弟或好友之間互相爭奪利益的現象，須小心。若是往外地去找比較容易順利成功，若往西南方去找則所阻礙。

二五二：糾紛口舌不須爭，福德神強保太平，
自有貴人來喝散，任有好話總無憑。

白話註解（中孚）：占糾紛，這個卦表示當事人是事件中比較無辜莫名被捲入的一方，即使多方嘗試並理性勸說，終究空口無憑，無法使人信服，這讓你很傷腦筋。但這個卦表示，這個事情只要先放著，自然有人會來幫忙解決，只管靜待時機即可。

二五三：短投捕魚任君心，逆水行舟走上風，
安心穩守南方利，功成業就財利生。

白話註解（家人）：占短期投資、捕漁，表示雖然能夠順心如意，不過得歷經一段艱苦的時期，在這段時期看起來會很沒希望，但是撐過關之後即能開始一帆風順。所投資的目標可以選擇與「南方」有關的，例如與南方面有關者，將能帶來安穩的獲利。

二五四：入住妻家要斟酌，兄弟持世枉勞心，
重重險阻財遭劫，只可回頭別處尋。

白話註解（益）：占入住妻家、入贅，得到這個卦真是危險，這門親事裡頭並不單純，雖然未必代表對方有意欺瞞，但最終得到的卻是勞心又傷財，人財兩失的結果，因此這門親事必須小心謹慎。最好的化解方式就是放棄這裡，另覓佳人吧。

二五五：出行旅遊不須疑，世位高分應位低，世剋應爻無阻隔，重重財喜遂心機。

白話註解（巽）：占出行，表示平安順利，無需任何擔憂，周邊一切事物都會順心如意，一切好事都圍繞在當事人身邊，且因能站在有利的位置，即使有什麼小阻礙，也會因當事人本身而順利化解，若是因公事出差，則有機會完美達成任務，帶來財運。

二五六：歲晴半雨好年成，君問秋收快稱心，五穀豐登無折耗，後來方許遂君心。

白話註解（渙）：占長期投資，得此卦表示所投資的時機對了，後來的一切就順利了，這筆投資能夠為問卜者帶來豐厚的收入，幾乎沒有任何損失可言。不過這筆收入要等，別忘記這是一筆長期投資，不要心急地想一步登天，耐心地等待就是了。

二五七：夜夢蹊蹺總不祥，須防有釁起蕭牆，三思謹慎如神助，凡事饒人得久長。

白話註解（漸）：占夢境，問卜者是夢到不好的東西，確實，這個夢帶來的不是好消息，這是有內亂的顯示。家中或者是自己的公司裡，有引起內部騷亂的徵兆出現了。記住，凡事三思，謹慎為上，如此一來將有機會化解。記得「得饒人處且饒人」。

二五八：卦占求子不稱心，福德不顯子難生，數好先天應不謬，辰年午歲產麒麟。

白話註解（觀）：占求子，表示最近想要小孩的話，是難以如意的，短期之內時機未成熟。但是不用擔心，這不是命中註定的，不是不到，只是時機未到而已，需要等待。在龍年或馬年將有機會，在此之前請多調理身體及行善積功德。

二六一：官爻生世好求名，入學考試許遂心，策論經書如勉勵，定教科舉有聲名。

白話註解（需）：占升學、考試，這個卦在求功名是很好的，能夠順利考進想要的學校，不過前提是必須好好用功讀書，雖然說不必苦讀，但該有的認真與用功是絕對不可少的。只要願意付出時間，以這個卦來說，必定是榜上有名，加油努力吧。

二六二：財破文書難上榜，子孫太旺又傷官，成舉二科今可望，國考科舉且寬心。

白話註解（節）：占國考，這個卦表示對官運與文字、文書有關的東西都不利，雖然是有希望，但可不能在這次考試順利如願。不然今年其他運勢可能都不錯，偏偏就是考試運，這個純粹屬於考運的部份不利而已，今年暫且寬心吧，來年再接再厲。

二六三：卦占選婿最為良，財喜重重福祿強，
夫婦和諧多福壽，興家立業好呈祥。

白話註解（既濟）：占女方選女婿，此卦可說是最好的兆頭，財氣與喜氣俱備，這種好兆頭下辦喜事最適合了。夫妻能夠白頭偕老，家業也能順利興旺，這是一個順利再順利的好卦。儘管放心，好好的籌畫該準備的事情吧，一切都會心想事成。

二六四：醫憑福德可持身，福不來扶藥不靈，
服藥無緣多楚楚，再逢扁鵲也難成。

白話註解（屯）：占就醫，這次的病症較接近所謂「業障病」，建議多行善事以積福德，此病症並非由藥的好壞或醫師的良莠而定，而是取決於德行。可以多想想以前是否常說人是非，那就從現在開始改口多誇讚他人。也是可從很多小事來默默地積德的。

二六五：討取資財此卦靈，托中求取事堪成，
雖是月前多阻礙，遲遲方許有佳音。

白話註解（井）：占取討、討債，雖然在這之前總是討不成，阻礙很多，但現在終於可以開始有好兆頭了，可以托人去說服，是否記得所追討的對象比較會信服誰呢？去拜託這個人吧。這個追討能夠成功，不過還是有會拖拖拉拉的徵兆。

二六六：若問天晴天必晴，若詢不雨雨來臨，
坎逢壬癸亥陰雨，要晴但看戊申庚。

白話註解（坎）：占晴雨，這個卦表示不論想要問的是何時會放晴、或是何時才會下雨，都只要等著看特定日期晴雨的時間即可。若在壬癸亥日即能陰雨且濕氣重，此等日表示是陰雨天，若在戊申庚日為晴就表示欲占之日為放晴。

二六七：命運何須問短長，喜君運限莫相商，
雖然早年多成敗，時來應知福壽長。

白話註解（蹇）：占近期運勢，何必如此在意呢？命運的好壞，其實早就註定好了，何必擔心到前來詢問呢？如果不希望自己的命運被侷限在他人手中，別問，也別聽。雖然年紀輕的時候會過著大起大落的戲劇性人生，到了晚年，可以好好地享福了。

二六八：經綸事業聖賢書，讀書事業可堪圖，
官臨世位文星旺，選入功名住帝邦。

白話註解（比）：占念書，表示當事人本來就很適合以「書」為業，若問念書的好壞，是非常適合的，甚至對日後的事業有很大的幫助，並且有文星旺象可以據此得到很好的功名，而且能夠帶來豐厚的實質利益，無論如何走自己適合的事業還是很好的。

二七一：鬼爻持世未為奇，欲去尋人要見機，莫若待他來自就，四十七月可相期。

白話註解（大畜）：占尋人，這個卦表示在此時間人已不見了，事情並非突然發生而是早有前兆的。如果要找尋這個人務必要看時機點，如果時機點不對此人就不會回來，要等四月、七月與十月可以盡力打探，必有好消息。

二七二：今君外情來問卜，內外鬼爻要反覆，莫若須從前去尋，彼產賢能多進福。

白話註解（損）：占外面感情，這個結果表示並不順利，事情會反反覆覆，一切不好的情緒，溝通一一出現。與其顧著眼前這個難追到手的對象，不如回頭看那個總是默默陪在身旁的賢能之妻吧，與這位賢妻的緣份深厚，且能夠得到長久穩定的感情。

二七三：鬼爻持世問多端，君問求婚卻不安，甚且媒人不得力，一般說成兩三般。

白話註解（賁）：占婚姻、求婚，這個卦並不樂觀，就連求婚都無法順利，就像暗中有某些阻礙一樣，令人不安的因素很多，可能是自己這一方，也可能存在於對方家庭的問題，而且說媒的人也不是恰當的人選，目前的媒人總是容易說錯話。

二七四：財爻持世必高強，交易占之卦甚良，買賣看來俱遂意，三七十一見禎祥。

白話註解（頤）：占交易，這是表示時機正確，時機正確就是說，在有財氣的時機行動，這筆交易能夠占到這個卦表示非常的好，不管是買方或是賣方均能順心如意，是一筆雙贏的良好交易。在三月、七月與十一月的話更是好的時機點，宜好好把握。

二七五：兩爻財盛來生世，和事須知遇貴人，唯向東南祈兆去，財能升官得千金。

白話註解（蠱）：占和解，這裡正是兩兩相合的卦象，因此是能夠順利和解的意思，不過要知道此次會順利和解是因為會遇到貴人了，記得，貴人不是理所當然地出現的，要心存感恩。往東南方去注意，會有好兆頭，可以幫助問卜者得財又升官。

二七六：官鬼文書兩字明，知君官爵得高昇，雖然當道些微阻，管取春來沐聖恩。

白話註解（蒙）：占陞遷，有這個卦表示很明顯地，當事人本身能力與官運俱足，本來就是適合站在所勝任的位置，此時時機終於開始出現，能力將會得到應有的賞識，能夠升到高官的位置，即使途中有些微小阻礙，只要等到春天一切即可明朗。

二七七：六甲占之不遂心，許其香願保娘身，只待嬰兒離母腹，自然福壽永康寧。

白話註解（艮）：占生產，此卦有些無法如意之處。關於是男是女的事情還是放寬心，不要在意這個了，首先母子平安為首。可去大廟求個平安符，以祈願希望母子安康。在孩子未出生之前絕不能鬆懈，不過只要順利生出來，就表示平安了。

二七八：卦占納監問神明，福德星強喜氣臨，雖是眼前多阻隔，東西遇貴得前程。

白話註解（剝）：占送禮，此行不需如此不安，雖然說少不了各種各樣的阻礙，但問卜者的貴人很多，不管什麼樣的阻撓都能夠化險為夷。不過此行本身若到達了目的地之處，即表示能夠順遂如意，記得好好感謝過程中遇到的各種貴人。

二八一：官鬼妻財兩見奇，與人借貸得便宜，
幾番財利遲遲有，目下猶未合事機。

白話註解（泰）：占借款，有這個卦算是稀奇的了，雖然是借錢，卻可以得到不少利益，可借到較低的利息，而且又能發揮最好的效益。不過這些利益他必須等到一段時間之後才能得到。而這份利益需要時機，但時機未到，需要的是耐心等候。

二八二：賭錢手氣只平平，世應相生事有靈，
利息不多財許穩，四七十一定佳音。

白話註解（臨）：占賭錢、手氣，表示沒辦法贏得很多錢財，只是能夠得到一點點的利益，甚至是勉強打平而已。此時不應貪多、貪快，只求穩定就很好了，並不適合一口氣下注拿太多，需要耐心等候，四月、七月與十一月開始能夠順利。

二八三：回鄉占此未為宜，後有迍邅多是非，且安身心休妄動，不依數斷有差池。

白話註解（明夷）：占回鄉，這個卦表示回家之後反而會惹來是非與紛爭及阻礙，不如先安靜不動得好。雖然這樣並不是長久之計，但事情有時就是這樣，無論回家的理由為何，甚至完全是一番心意也一樣，但在他人眼裡未必如此認為。

二八四：君占風水主安寧，左右來龍最有奇，財福興隆各發達，人丁強壯樂昇平。

白話註解（復）：占墳墓，這個墳地的風水是很適合祖先安息的好地方，不只祖先能夠安息，更能夠庇蔭子孫帶來很多的福份，錢財多多，生意興隆，家族健康、各個人丁強壯和快樂，是能夠帶來歌舞昇平的好墳地。雖然如此，也要答謝天地。

二八五：世高應下任君裁，開店占之定美哉，子亥夏春多利息，何須憂愁稱心懷。

白話註解（升）：占開店，這個卦表示當事者正站在良好的利基點上，凡事都能夠隨心所欲，因為當事者有優勢的磁場，能將周遭身旁的人事物安頓得宜，既然如此，開店當然好。遇上春季與夏季可以有不少得進帳、利潤。

二八六：占問求財事稱心，東西路道互相應，雖然費卻心機力，利息終得百萬金。

白話註解（師）：占求財，這個卦表示能夠成功，冥冥之中四周的人事物將會給當事人好的回應，話雖如此，請當事人切記，無論老天爺如何眷顧，一切都得靠自己努力才有真正的所得，只要肯努力，定是能夠賺大錢的，但更要惜福感恩。

二八七：放帳應知要賺錢，兩重兄弟有些嫌，子孫雖是來臨世，只恐將來未必然。

白話註解（謙）：占放款，一般來說借錢給人都是希望有利潤，不過在這個卦裡卻有顯示此時對方與整體事件是成平行的狀態，雖然目前能夠對等，但未來卻沒有辦法確定，也就是說事情有可能不易掌握，雖然不能說不好，卻是有隱憂的。

二八八：販賣六畜馬豬羊，時運來時百事昌，且待北方財帛在，東西南方未為強。

白話註解（坤）：占養寵物，這裡表示時機正對，無論是要飼養或販賣，都是能夠帶來好財運與歡喜心。選擇時可以等待與北方相關的買者，會得到好的利潤；雖然說東方與西、南方亦不錯，但比起北方的那一位買者選擇就沒那麼令人滿意了。

三一一：解人占此百無驚，官鬼文書兩字明，當道貴人應有助，先須勞碌後安寧。

白話註解（乾）：占保護，這個卦出來表示一切安全。即使會煞費一番勞苦心才行，不過到最後該保住的人或物品能安好如初。另外，在文件上、與人的各種交涉上都可以確保安全地順利進行，且有精於此道的貴人能夠幫助，雖然辛苦，但一切平安。

三一二：子孫持世卦為吉，合夥占之利潤豐，同心合作伴生涯，有始有終無損失。

白話註解（履）：占合夥，這個卦表示周遭環境有扶助，若以合夥來說，彼此會在互助互惠的最佳狀態，合夥最重視互相信任的精神，所以若問此合夥是否可行，自然是可以順利無憂的。長期的情況甚至可以做一輩子，短期則有始有終，有個愉快的結果。

三一三：鬼爻持世利賊人，失物西南空自忙，
尋覓勸君休急促，花費金錢亦難助。

白話註解（同人）：占失物，很可惜的，這個卦表示小偷已逃之夭夭，要捉到這個賊的難度很高。即使知道東西在哪裡丟的，仍然沒有用，事情對賊人有利，東西已在人家手上，即使花錢努力找尋也是沒有辦法拿回，己方處於下風，不用在浪費時間了。

三一四：天雷無妄問行人，財應初爻主到臨，
爻到子亥即可望，預期辰子有佳音。

白話註解（无妄）：占來訪，這個卦有到來的象，你所期望的那個人肯定會來，所以不用太過於著急。逢地支的亥子日開始有希望，辰子日一定有機會見到。耐心等待即可，話雖如此，有時亦可主動表示，相信對整件事情有好處的。

三一五：手藝求財卦不宜，應逢官鬼有猶疑，交秋方許遂心願，三季無財要見機。

白話註解（垢）：占手藝，這個卦表示並不適合，卦中顯示了當事人猶豫不決。主要的關鍵若自己猶豫不決的話，事情就容易晚成，因此不適合之處在於當事人自己的心態不夠堅定。到了秋季開始步入佳境，春夏冬卻多有困難。整體結果來說困難多。

三一六：家宅平安百事宜，貴人得力有扶持，雖然小兒多災晦，財祿豐盈百事依。

白話註解（訟）：占家事，即使偶而會出現令人煩惱的不順遂，整體而言卻是平安吉祥的好兆頭，也能夠得到貴人扶助。只要多與小兒子溝通互動，就可化解那些小煩惱，整體來說，還是可以有豐厚的財收，所以在財運來說，是能夠順心如意的。

三一七：鬼神持世應逢凶，聚散無常事不同，君問年壽富應許，福壽齊眉老令公。

白話註解（遯）：占壽元，這個卦提醒你，要知道人生就是生老病死，明白這個比什麼事情都重要，該走的就要讓他走，放寬心，這是天理，是每個人都要經歷的事情。懂得放寬心之後，才有辦法讓自己活得自在而長命百歲，福壽俱全、平安快樂。

三一八：家人走失定須尋，自有鄰人報信音，亥卯未臨方有確，目前不見莫生嗔。

白話註解（否）：占走失，雖然到現在還沒找到，讓你非常心急，雖說人不見了會擔心憂慮是理所當然，但是千萬別因為這樣就放棄而開始怨天尤人。亥卯未日開始就會有一些眉目，且會有好心人來通報佳音。在此前請等待，相信老天自有最好的安排。

三二一：賭錢手氣未遂心，心機費盡不順意，內外兩爻無利益，更防失脫莫胡行。

白話註解（夬）：占賭博、手氣，要知道「賭」這回事並非能夠順著人意走的，他本身就是種旁門左道的賺錢方式。在此問卜的賭局中，更是顯示了此次賭局是的無法順心之兆。即使費盡心機也無法有任何的收獲，且不賺還反倒貼，請謹慎小心。

三二二：販賣六畜問財源，世應逢沖事不然，雖見欲成還隔阻，買成之後不周全。

白話註解（兌）：占養寵，這回無法說很順利，眼見事情就要成功了，卻總是遇到一次又一次的波折，總是莫名其妙遇到阻礙，即使買了或收養了，總覺得不順心、不是自己喜歡的。養動物或販賣六畜還是別焦急，慢慢會遇到跟自己有緣的吧。

三二三：卦占開店許君開，福德交臨廣進財，
本少利多交易好，貴人騎馬自天來。

白話註解（革）：占開店，這卦裡是個好兆頭，是財源廣進的徵兆，而且也懂改革創新，成本低利潤高，各種好事者會自動兜在一起，不需費心安排，貴人也會自己靠過來。記得順利的時候要懂得回饋社會，多給自己積福德，以後的好處才會長長久久。

三二四：放帳應知事有虧，不如不放得便宜，
應高世下人強我，凡事三思要見機。

白話註解（隨）：占放帳，借錢給別人這種事情本來就應該多想想多考慮，要慎重，此次借款其實已經覺得對方並不是一個值得信任的對象的，這次若借錢給他人，吃虧的將會是自己這一方，由於對方占了上風，未來也無法追討回來而損失這筆錢。

三二五：世高應下最為強，風水占之大吉昌，
左右龍虎皆擁護，明堂高濶煥文章。

白話註解（大過）：占墳墓，這表示找到一個風水寶地了，是可以掌握周遭。將祖先安在這個地方，無論做什麼都能夠得到庇蔭，容易萬事順心，闔家平安，做生意的、念書的、求功名的、工作的都能夠有好處。

三二六：財爻上卦為最佳，欲借錢財不必疑，
若在秋冬多不吉，如逢春夏利相依。

白話註解（困）：占借款，這裡有錢財來臨的好兆頭，這次想要借錢的話可以放心地借，不用擔心自己還不起。只是要注意的是，若是在秋季與冬季去借並不適合，會有重重關卡，不要在春季或夏季借款，才能多為自己帶來良好的利益。

三二七：君來占卦欲求財，秋夏來臨不用精，若是九流並雜術，許君財物兩相諧。

白話註解（咸）：占求財，如果問卜者行業的工作並不是一般的上班族，而是特殊的行業，則能夠順利得到想要的財源與物質上的滿足。即使不是特殊工作，到了夏季與秋季也能夠得到相當豐厚的收入，這是一個順利得財的好卦。

三二八：鬼爻持世要商量，君問回鄉合適否，依卦不如莫妄動，春去夏來保安康。

白話註解（萃）：占回鄉，這個卦中有不吉的徵兆，此徵兆表示這短期間回鄉並不妥，對人身安全上是有疑慮的。沒有什麼比人平安重要，還是先乖乖待在家中吧，等過了些時日，那些不吉的徵兆過了之後再回家，以保安康。夏季再動身為宜。

三三一：口舌是非最難當，官訟虛驚有一場，
生世要應我勝訴，還須小心免刑傷。

白話註解（大有）：占糾紛，這個卦表示雖然有點不順利，可能會鬧到法院去，不過也只是麻煩而已，因為此時我方氣勢是比對方還要強的。但這不代表可以隨便亂說話，還是應該謹言慎行，免得原本能夠勝訴的官司，反而給對方佔在有利的位置了。

三三二：中年生子有刑傷，目下須知當弄璋，
卦見兩沖終來合，菱荷晚景吐秋香。

白話註解（睽）：占求子，這表示現在還有機會可以得到小孩，且有機會是男孩，但若等到了中年就不容易有孩子了，想要孩子的話最好早點計畫。卦中雖然有沖但總是還算過得去，即使時機晚了，還是有機會，晚年得享含貽弄孫之樂。

三三三：世應相剋無罣礙，出行占此主平安，
春時略忌旁人算，秋末冬初遇貴緣。

白話註解（離）：占出行，這個卦表示此出行平安，人身上的安全是確定可以保證的，整個周圍環境沒有問題。只是若於春季出門要小心可能被同行者或認識的人傷害到。若能夠在秋季末到冬季初的期間出發，則有可能遇到投緣的朋友。

三三四：夢寐之間作鬼述，許多心事累心機，
全虧自己星辰旺，直到春來百事宜。

白話註解（噬嗑）：占夢境，你以為這個夢一定有特別的意義，才會如此不斷長時間地纏著你，但其實只是你心事太多，白天不斷的想事情，到了晚上還不懂得放鬆讓自己好好休息。還好你本身的命還不錯，這些煩擾不會消耗你太多，到了春天可望改善。

三三五：入住妻家事可為，夫妻魚水兩和諧，
外家得此乘龍婿，舉案齊眉福祿全。

白話註解（鼎）：占入住妻家或入贅，此卦表示和諧順利。男女雙方在個性上能夠配合，彼此兩家人也能夠和諧共處，女方家人也會很喜歡這位賢婿。在卦中表示夫妻兩個人的相處非常愉快和諧，完全是一門好婚事，能夠順利進展，福壽利祿雙全。

三三六：重重拔薦好門牆，尋館占之得吉昌，
世應兩爻皆相合，剛柔相濟有何妨。

白話註解（未濟）：占店面，現在所尋得的店面可能外面看起來不起眼，裡面卻別有洞天，而問卜者正在猶豫，擔心這樣的外觀是真的能夠讓客人上門嗎？別擔心，只要外觀作些改善，一定可吸引不少客戶，因這間店面是留給問卜者的。

三三七：此卦許君半收成，且得文昌兩字興，
水少旱多宜栗豆，禾苗必待晚收成。

白話註解（旅）：占長期投資，這卦會有收成，不過可能會比預期的時間還要晚，且只有得到先預定收入的一半而已，但這卦仍是個好的象徵，額外帶來與文書、契約方面相關的利益。不要只挑看起來會大賺的投資標的，要找比較穩定的，才會細水長流。

三三八：短投取魚問卜靈，水中經營有財源，
欲謀順利向東方，管教層層不脫空。

白話註解（晉）：占短期投資，這個卦表示如果要順利，往「東方」是個關鍵詞，可以尋找與東方相關的投資標的；比如說公司位在東方、標的名稱中有「東」、有「木」的字根，所投資的範圍在東方國家……等等。整體而言這個卦表示是可順利賺錢。

三四一：娶妾欣逢此卦爻，妻財臨世最為高，
夫君芝蘭叶夢吉，螽斯衍慶且榮華。

白話註解（大壯）：占外面感情，這個卦表示能夠吉祥如意，對方也能為問卜者帶來良好的財運，兩人能夠相處愉快，並能互相扶助。彼此能夠相處和諧是最重要的，雖然說這外面感情能帶來很多好處，但記得不可對默默為家庭付出的原配造成傷害。

三四二：君占納監恐無成，子孫不顯枉費心，
更忌文書看重複，三思謹慎得安寧。

白話註解（歸妹）：占普考、地方選舉、送禮，表示難以成功順利，對方可能不收受，這種情況下若希望事情能夠順遂，不如先緩些時間在進行，免得無功而返。另外，如果相同的事情已經請託過對方了，而且還是沒被接受的話，如要在前往就需考慮了。

三四三：坎卦之中有圓融，君問和事必能通，
折獄片言利九月，執中公道兩無容。

白話註解（豐）：占和解，有圓融圓滿之象，因此和解是能夠行得通的，尤其曆的九月。但希望當事人不要執著於其上，不可得理不饒人，非得把人告上法院不可。若真的上了法院，對簿公堂之時，對雙方都不利，而且會成為兩敗俱傷。

三四四：六爻臨卦占孕育，財鬼重重多虛驚，
十月之間寅午利，仍須作福保平安。

白話註解（震）：占生產，這個生產的過程不是很安全，雖不致於很嚴重，仍然應該小心謹慎，該檢查的記得乖乖檢查，不要太鐵齒或偷懶不做檢查，多聽醫生建議。雖說懷胎十月內的寅午日較能順利平安，但仍應該多祈福、謹慎以保母子平安。

三四五：財爻上卦不為奇，交易占之是可依，
春夏之間大吉利，秋冬要知不為宜。

白話註解（恒）：占交易，這裡雖然有錢財出現，不過記得不可以得意忘形，請以平順的心情來對待，不應太過招搖。交易本身可順利成交，若在春季與夏季更是能夠成就多多，到了秋季與冬季則應記得要收斂才好，有時錢該懂得與別人利益共享。

三四六：文書不見信難通，君問尋人也應空，
人在東南得飽暖，遲遲方許有相逢。

白話註解（解）：占尋人，這個卦中不見有音信的徵兆，所以要找人應該也不容易。令人安慰的是要尋找的對象應在東南方向，人平安且能安穩地生活，吃穿沒有問題。要找這個人仍然需要時間，要等待，時機到了就有機會再相逢，不用太擔憂。

三四七：陞遷之卦最為高，官鬼文書兩相交，
丑未戌辰來好信，芳名著冊在銓曹。

白話註解（小過）：占陞遷，得到這個卦最好了，有官運且將可全盤勝任此陞遷的這份工作。丑未戌辰日時可接到陞遷的消息。總之是個能夠代表陞遷一切順遂的卦，別忘記感謝提拔你的人，還有在背後默默支持你的人。

三四八：求婚占之不為宜，財祿逢沖事不齊，
猶恐媒人不得力，又兼旁人搬是非。

白話註解（豫）：占婚姻，這卦給的訊息表示時機不對。如果兩人已交往許久，就是準備的金錢方面會有問題；如果是由媒人說合的，就是媒人沒有把聘禮之事談妥，反而幫倒忙了。且不論如何，現在的時機點都會引起旁人的閒言閒語。

三五一：六爻安靜辰星旺，聘用徵員事得當，不必多疑須作速，遲遲又恐尚遲遲。

白話註解（小畜）：占聘用、徵員，別多想多問了，還是趕快去找人吧！現在時機正好，對問卜者來說相當有利，能夠找到適合且令人滿意的人選。但是要快一點，如果現在錯過了，恐怕事情就會一拖再拖，遙遙無期去了。別讓好事多磨，快點行動吧。

三五二：父母臨應利文書，官鬼休咎卻未宜，今歲不適來參政，來春方許遂心機。

白話註解（中孚）：占參政、高考、中央選舉，雖然說問卜者對政治、行政上的硬性規定等等非常得心應手，不過這個卦中卻有不利於問卜者的未明因素存在著，這東西會絆倒人。今年先按兵不動為宜，慢慢觀察並且計畫，來年就是你的時機到了。

三五三：告狀占之枉勞心，欲告須知不合意，財破文書官鬼伏，不如休息免災星。

白話註解（家人）：占原告呈告狀，這裡不只是時間點不對，還有人物也不對，很多不該出錯的地方都會變得對己方不利，若是提告的一方建議先不要有動作；如果已經纏上這份官司了，則以守為攻，此時我方很容易佔下風，一定要以靜制動。

三五四：求官最忌弟兄興，目下應知未稱心，財破文書官鬼滅，等交冬令始臨民。

白話註解（益）：占謀官、謀職，這一個卦表示競爭者眾多，此時不論任何動作都只有不利而已。財破印星，官星不現，要明白現在不管怎麼做都無法避免失敗。這個時候應耐心等待屬於自己的機會來臨，在此之前不要有任何鬆懈，到冬季將開始如願。

三五五：世高應下喜盈盈，欲進市府喜稱心，勞速生育開始長，從此得濟造家庭。

白話註解（巽）：占舉薦、公務，得到這個卦表示事情全部能夠順利如意，所選擇的環境很適合當事人，因此算是個好的開始，從此之後記得還要好好努力，不可懈怠，繼續努力下去，未來的家庭將能得到穩固的依靠，有堅實的經濟基礎。

三五六：弟兄持世有文書，家信重重喜見之，亥子丑交家信至，不須愁悶其人知。

白話註解（渙）：占家信，這個卦表示能夠得到家裡來的佳音，大概在亥子丑日就有消息，更不必擔心家裡的事情。你的家人也知道你很擔心家中的事，可以不必如此煩惱，太過煩惱反而讓身邊關照您的人也跟著緊張了。

三五七：福神持世固田產，占置田園大順昌，應位逢財利豐厚，喜逢中證得商量。

白話註解（漸）：占買土地，這塊土地是留給有福份的，此塊地也讓買主帶來很多的物質利益，甚至也能帶來其他的吉祥順利。而且購買的過程，還能夠遇到極專業的代書，讓一切買賣交易順利進行，更不會拖泥帶水，買得價錢也是在預算中

三五八：文書官鬼兩分明，欲占買貨必稱心，出入財源三五倍，路行平坦無驚險。

白話註解（觀）：占買貨，這筆進貨交易不管是在需要買賣契約的地方，或者需要過海關之類屬於官方的地方，全部都能夠順利達成。且這筆進貨能夠為當事人帶來數倍的利潤。這次的買貨更能夠讓當事人順心如意、滿載而歸的，且平安無虞。

三六一：兒郎逢病何日強，子孫持世卻無妨要逢申酉方除厄，一服仙方便吉昌。

白話註解（需）：占子女生病，雖然已經有一段時間，讓所有人都很擔心，不過卦中顯示的是能夠健康痊癒的，只是需要時間。過了申酉月或日，轉診看的醫生才會確定能夠痊癒而不再發病，在此之前都會有不斷的小病出現。定時服藥是很重要的。

三六二：謀事求職目前難，義氣相投方可參，夏秋二季休提起，直到冬春方可全。

白話註解（節）：占計畫、求職，要知道，以目前的狀況是有困難的，是否參與近來的人彼此的信任根本不夠呢？別忘了計畫是要多人一起共事，務必確保所有參與進來的人都擁有相同的目標才對。夏季與秋季不宜開始，冬季開始春季則可順利。

三六三：疾病纏綿父母身，鬼爻相應有精神，
庚辛戊己災星退，作福祈神保安寧。

白話註解（既濟）：占父母親病，這個卦表示病況纏身，應該多為父母做好事，積福德來祈求神明的庇佑。需要耐心等待，直到庚辛戊己日開始有好轉現象。父母生病中除了多探望關心之外，也要跟他們多說說話，陪他們聊天，心放寬了，病就會好了。

三六四：此卦分家有是非，豈知守舊得便宜，
應高世下多煩惱，且自忍耐免被欺。

白話註解（屯）：占分家，是非很多，人多口雜，該說的不該說的都出來了，就連左鄰右舍的閒言閒語也避免不了，甚至會覺得，早知道就不要分了，保持現況更能圓滿順心，更能圖個清淨。現在只能忍一忍，時間是可沖淡一切的。

三六五：君占疾病有何妨，輕重星辰相見傷，作福祈神三煞退，庚申方許見安康。

白話註解（井）：占健康，問卜者想要知道現在的健康是否有什麼需要注意的事項，直接來說就是有一點病痛存在，但是並不是很嚴重的大病，而是會拖一段時間的慢性病。可以多做好事給自己積功德，將可以縮短病況的拖延。到庚申日則開始好轉。

三六六：君問會事卦無妨，事未相投不要忙，且忌土煞來剋動，寅申巳亥百事昌。

白話註解（坎）：占會商、談判，與會的所有人是否個有個的想法，彼此總是無法達成共識呢？這個時候是沒有辦法硬去推行任何事情的，雖然說並不會有大爭執或是鬧得彼此不愉快，但卻是不容易順利進展的徵兆。唯到了寅申巳亥日開始能夠順利。

三六七：卦問移居事可為，應爻生世福神齊，
目下讒言不可聽，移居之後得歸依。

白話註解（蹇）：占遷移，這個卦表示事情安穩可行，在各種環境中的影響要素完整齊備，搬過去之後還能得到安穩的歸宿。要注意的是會有人從中搬弄是非，或者是看似好意的建言，但這些話都不值得聽信，得到什麼消息務必得查證清楚才對。

三六八：此卦多凶不順宜，買屋占來有差池，
安定守舊休輕舉，切莫胡為惹是非。

白話註解（比）：占房產、買屋，這個卦表示此事凶多吉少，非常不適合。至於是哪裡出問題？由卦來看倒不是房子的問題，而是當事人本身產權有問題，時機不好，稍有動作就很容易惹上麻煩，請先安靜地等待，不要向外界表示你正要買房子。

三七一：財爻持世破文章，官鬼休愁總不如，科舉占之終不穩，另謀斷許步雲梯。

白話註解（大畜）：占國考，這條路大概非常難以如願了，本質上就困難重重。這次考試有很多競爭者，而這個卦顯示此考試，當事人是很容易輸掉。這樣看來，與其拼國考，不如去做自己想做的事情更好，可學一技之長，更能有所成就。

三七二：讀書又許恩臨身，印綬相生能稱心，選入芹宮蒙作養，年逢水火得揚名。

白話註解（損）：占念書、就學，這裡表示念書運很好，可以說是天生讀書的料，現在好好念書，未來將能夠以漂亮的學業成績對社會產生良好貢獻。如繼續深造的話也能得到恩師的提拔與幫助，讓未來更能得到明確的保證、認同，此卦占念書必為吉。

三七三：財爻上卦最為奇，欲去取討不必疑，即在日下須作速，遲遲又恐不得齊。

白話註解（賁）：占取討、討債，這個卦有表示有財運當頭的好徵兆，這樣子的卦如果說要去討回自己的財物，當然是可行的，不需要再猶豫了。需要特別注意的是動作要快，免得這個大好時機過去了，可能又要拖延好一陣子才行。

三七四：榮枯得失皆由命，壽夭窮通總在天，欲卜近期休息事，晚年命運勝中年。

白話註解（頤）：占命運，的富貴與貧窮？得到與失去？這些全都叫做「命運」。能多少歲數？有多少的福祿？又會招惹多少逆境？這些都由上天決定了，別想太多，盡人事之後才能聽天命。晚年會過得比中年更好，當然也代表明年會比今年更好。

三七五：醫藥無蹤且慢醫，鬼臨世位有蹊蹺，淹淹疾病遲遲癒，求得神藥卻無助。

白話註解（蠱）：占就醫，表示當事人現在仍未找到病因，先不要心急胡亂投醫吃藥，這是比較隱藏性的病症，應該要先弄清楚病因與確實的病情才行。不是藥的問題，問題是要對症下藥，因此請不要胡亂聽說偏方，應該找權威的醫師仔細分析檢查。

三七六：恩成士業已升堂，選入芹宮姓氏香，小試公庭求薦拔，文書端的射星光。

白話註解（蒙）：占升學、考試，學歷本身已經很高了，若想要再進階是能夠順利如願，並且這個卦中有官運，升學之餘可以多跟高層人士打交道，將有好的機會得到貴人的推薦，以後如果進公家機關工作將可以更為順利。整體來說是很有利的卦。

三七七：問卜天晴難許晴，庚辛卯午更傾盆，
久晴問雨難求雨，久雨問晴未必晴。

白話註解（艮）：占晴雨，表示如果是下很久的雨天氣，想問什麼時候才能放晴，表示還很難出太陽，而且，到了庚辛卯午日反而還會有更多的雨量。但是若問已經乾旱太久了，水庫都快要見底，會不會下雨呢？這卦給的答案也不樂觀，還是不會下雨。

三七八：選婿占之事尤佳，妻財子祿能誇示，
將來得此成家計，數卜先天定不差。

白話註解（剝）：占選女婿，這個卦表示選擇的女婿此將能夠為家中帶來更多的財運與好運，也很快兒孫滿堂，想做生意的也能夠成功，是很好的象徵，這個的女婿非常能夠顧家，也很會作生意，可當一家之主，可說是姻緣天註定。

三八一：鬼卜書辯要文書，名利占之百事宜，自有貴人提拔去，當庭訴辯笑嘻嘻。

白話註解（泰）：占被提告、訴清冤情，表示情況有利的，卦中有與名利相關的優勢，表示在民事訴訟方面較為有利；另外這個卦也表示很多事情都是合宜的、能夠順利執行的。此次被提告將會有貴人相助，案件會被謹慎地好好公正處理。

三八二：鬼爻持世未為良，損失春蠶不大強，幸遇子孫來剋鬼，平平利益也尋常。

白話註解（臨）：占養殖，這個卦中有對某些事情不順的象徵，表示這次養殖任何動物都不是很順利，有的會生病，或者是繁殖量少，無法獲得好的收成。還好這卦中有呈現出化險為夷的象，所以最後的結果是彼此打平，收穫普普通通，沒有虧損。

三八三：收解錢糧得貴人，子孫臨應喜盈盈，
中途驚恐雖然有，祿馬扶持安太平。

白話註解（明夷）：運貨、米糧生意，路途中能夠得到他人的幫助，因此一路平安順遂。表示周遭的人事物都能夠搭配良好，一切順利。即使中途有可能遇到小問題，像是車輛的小故障或是小塞車，這都是虛驚一場，不過還是可以完全平安到達目的地。

三八四：占卦生意事不成，三番四復枉費神，
直待秋深冬到日，方許隨心必然成。

白話註解（復）：占生意，這筆生意還會一直反複的溝通，但是最後仍然沒有辦法成交，非常勞心費神。需要等到秋季末與冬季初的交會期間，事情才會開始順心如意。但是仍然別忘記該有的良好態度與耐心，畢竟今天難搞的客人就是以後的大客戶。

三八五：占領文書須便有，日期應在亥子丑，貴人得力喜相生，管取文書來到手。

白話註解（升）：占簽約、證書，首先，適合雙方正式簽約的日期是在亥子丑日，這些日簽約能夠兼顧彼此的利益，並且另約定的文書本身清楚明瞭。此簽約，最好是有律師在場，或者熟悉法律的親友在，如此一來便可簽下良好的契約。

三八六：世來剋應諸事難，君占見貴苦心煩，必交亥卯方和合，遇此方知空自忙。

白話註解（師）：占面試，表示在此什麼簡單的事情都會產生困難，若在這樣的時機去面試是會事倍功半的，當事人容易準備了一大堆，又緊張，等到面試那天搞砸了。其實只要等到亥卯日就可以順利進行，謹慎的準備與否關係不大，順其自然就好了。

三八七：卦占脫貨心為高，貴客支持吉利招，欲售應期亥子日，百謀皆遂永無勞。

白話註解（謙）：占賣貨、銷售，當事人認為這筆買賣能夠賺大錢，有些得意過頭了，不過記得拿出誠懇耐心，如能夠等到亥子日在交易的話，大可不必太多的推銷就能輕鬆地達到想要的目標，且確實會有好客人前來購買，此時就不用花費太多的勞力了。

三八八：此象占來最為高，起造逢之利六爻，雖是眼前多耗散，臨門財喜後多饒。

白話註解（坤）：占起造，恭喜你得到了一個很棒的上上卦，起造房舍得到這個卦表示任何小細節都可以很順利，即使事情看起來有些讓人煩心與消耗，但都是不為足道的小事情，因為，這個時機點起造對你是非常好的，之後將會帶來不少的財氣上門。

四一一：買牛買馬作耕乘，養寵占之遂許心，世應相生財甚旺，牲牛騾馬事宜成。

白話註解（乾）：占養寵，這個卦表示是個能夠生財又帶來吉利的決定。不論當事人購買畜類或領養寵物是為了什麼目的，想要繁殖作買賣也好，或者只是想要有個伴也好，無論需求是什麼，都能夠飼養到自己非常喜歡而滿意的寵物。

四一二：君問回鄉許遂情，只因伴侶有娥增，率有貴人有助力，管教穩步到家庭。

白話註解（履）：占回鄉，此次想回故鄉有平安順利的象徵，長程旅途無聊的時候也能夠有旅伴相陪，回鄉這一路也會遇到貴人相助，一切都平順安穩沒有問題。準備回老家吧！別想太多，帶點給親友的伴手禮，好好聯絡感情就是了。

四一三：祖宗墳墓鬼爻臨，有水無風意不寧，
雖有財星不藏聚，人丁可許利平平。

白話註解（同人）：占墳墓，這個卦顯示所選定的祖先墳墓風水不平順，有不安寧的要素在其中，雖然能夠帶來財氣的磁場，卻沒有辦法凝聚這份錢財，後世子孫賺到的錢全部都會財來財去，沒有辦法聚財，不過還算可以讓家裡的人身體平安無意外。

四一四：无妄求財終有望，世高應下兩重財，
若逢三七十數內，自然方遂君心懷。

白話註解（无妄）：占求財，雖然這個卦叫做无妄，不過對求財來說卻是帶來希望的一個卦。而且當第一筆錢進來時，隨即第二筆錢也將進來了，還有三、七與十，的日期、月份，這些都可為當事人得幸運數字，而帶來機會。其實也可以順其自然就好。

四一五：求占放帳不為奇，三思再思不可為，若是春間還有利，夏秋冬季有是非。

白話註解（姤）：占放帳，其實結果論當事人自己也心知肚明，占卜是多此一舉，自己想一想就知道的，這筆錢借出去根本要不回來，這樣怎麼可能會順利呢？如果還是硬要借出的話，春天時可能還有點利益，其他夏秋冬不僅得不到利益還會生是非。

四一六：卜數占之好賭錢，應來生世不須精，東西定位無心選，辰午之時白手來。

白話註解（訟）：占賭博，這個人真是賭性堅強，想要繼續賭！賭博不是一個可以讓人成家立業的好東西。當事人現在除了賭博沒有其他的嗜好或持久的正當事業，再繼續下去到辰午日差不多就要輸光了。勸導提早戒賭才是正途。

四一七：官鬼兄弟兩見之，問人借取得相宜，
三分財氣可應許，目下相求事可知。

白話註解（遯）：占借款、貸款，這一卦表示想借錢是可以的，甚至在別的地方也有財運進來。只是要知道，這筆錢是向人家借的，所以不能隨便揮霍的，記得好好規畫運用，跟現在身邊較為親近的人即可借到，當然最好、最安全就是向銀行借貸。

四一八：君問開店是與否，爻中經營無是非，
四季不如春季好，遂心財豐事相宜。

白話註解（否）：占開店，這個卦表示如果開了店，在經營上面可以安穩順遂。而開店是需要有良好的人際關係，而這卦象中顯示沒有任何的是非，這表示非常適宜。開店的時間可選在春季的時候，春季萬物開始生長，也可以更加確保事情能夠如願完成。

四二一：君問春蠶意若何，鬼爻臨位損傷多，
誠心祈禱平平利，切勿貪多更損和。

白話註解（夬）：占養殖，卦表示如此時想開始養殖的事業，可能會遇到傳染病、養殖的動物大多無法健康長大，容易半途夭折，卦象表示此次投資會導致不小的損失。化解：就是虔誠地祈求神明幫助，才可以得到普通的利益，要保守一點，不要因小失大。

四二二：世應相和最順昌，起造房宅多利益，
春秋二季任君為，如逢冬夏不為吉。

白話註解（兌）：占起造，很多事情時機點都選對了，什麼都順利了，此 卦表示如果在春季與秋季起造將非常適當，可以隨著起造帶來 不少實質上的好處；但夏季與冬季則不那麼適宜。也不是說 非得春秋兩季不可，只是比起夏冬會帶來更多的利益。

四二三：人來問卜為文憑，官鬼重重即日臨，
兩處貴人多得利，依然遂志笑顏開。

白話註解（革）：占簽約、文憑，這個卦表示會出現許多的貴人，幫助當事者把事情順利進行，且最好能把握當下這個時間，盡快把事情完成，以免節外生枝，也比較容易順利成功。整體來說這一卦不論如何，對簽約、文憑來說都是良好與順遂的。

四二四：銷售脫貨甚為高，妻財重重便見爻，
兩貴人來相助力，出門交易利多饒。

白話註解（隨）：占賣貨、銷售，這個卦表示事情能夠漂亮地順利進行，勇於踏出去，這個卦表示有貴人能夠幫助你，可以說是非常順利的情況，而且出門交易銷售、賣貨，人多的地方也正是您財旺的地方，可以賺到不少錢財。

四二五：數中生意要經營，此卦占之得遂心，忙裡偷閒尋歡樂，勝過他年十倍金。

白話註解（大過）：占生意，這個卦表示是季節性的事業，經營這段期間可說是滿順利，雖然是非常忙碌，但是也做得很快樂，這叫甜蜜的負擔，吃得苦中苦，方為人上人，此份事業將帶給當事人高利潤、高豐收，快樂順利。

四二六：數中訴辯不知情，暗處投明未必明，待到寅申巳亥日，文書發動笑相生。

白話註解（困）：占訴清冤情、被告澄清，這次的狀況容易陷入膠著，無法有明確的答案，也不知問題出在哪裏，雖然此次澄清是不明朗的狀態，但只要耐心等到寅申巳亥日，一些文書及疑點就能撥雲見日、水清石現，冤情就能澄清了。

四二七：見貴占之得有緣，應來生世世相生，
重重薦拔吉利多，情意相投笑語喧。

白話註解（咸）：占面試、見貴，你會遇到一個跟你非常投緣的面試官，明明彼此是陌生人，但是你們兩人一見面就像十幾年的老朋友，你們能夠成為彼此賞識的好朋友，而這位賞識你的面試官，當然會為你說很多好話，能夠得到大力的推薦。

四二八：收解錢糧事有驚，還防雀角有相爭，
如逢冬季平平過，若待春時定有刑。

白話註解（萃）：占運貨、米糧生意，這次恐怕不易順利，卦中顯示的困難不少，除了說有競爭者的妨礙與爭奪，若在春季執行還有可能遇到人身上的傷害，務必多加小心。可以在冬季來執行，還可以平安過去，免去人身或物品上的損傷。

四三一：數占此卦兩文書，參政高考也覺遲，今歲爻辭唯欠快，來年或把姓名題。

白話註解（大有）：占參政，這卦表示時間有點遲了，本來是不錯的遠景，不過今年因為各種因素阻礙是有點晚了，並不是指規定上的期間之類出問題，而是時機點不對，雖然今年來不及參加，但對整件事情是不會有所改變，養精蓄銳，明年再出發吧！

四三二：君占置貨不如心，世位逢傷恐不成，縱使成也無大利，不如守己免勞心。

白話註解（睽）：占買貨，這個卦象中有表示當事人會在此事件中損失的象，因此以買貨來說，即使買到了自己認為可以賺錢的物品，結果也不會有太多的利益，甚至幾乎打平而已。此時倒是可以暫時穩住不動，先暫時採取觀望姿態，免得白忙一場。

四三三：舉薦公務近貴人，跟官無數樂欣欣，逢沖遇鬼多如意，巳後成家利益身。

白話註解（離）：占舉薦、競選，這一個卦表示，此行能夠為自己帶來利益與貴人，當事人選擇這條路是非常適合的，就像找到天命一樣。卜詞中雖說有「逢沖遇鬼」，但這對官場上來說就是非常好的徵兆。巳月後後成家立業也可以順利平安。

四三四：置田占此卦為奇，福德星臨少是非，非糧差輕多利益，勸君早就莫遲遲。

白話註解（噬嗑）：占置田、買土地，這是一個特別優秀的卦象，這個卦象表示正是福德星高照，既然卦象那麼漂亮，那就事不宜遲了，儘快把買賣土地合約處理，買成之後會得到很多的利益，也將會有料想不到的驚喜。

四三五：求官占此卦為奇，官鬼文書兩見之，
木腳草頭人動力，夏秋兩季遂心機。

白話註解（鼎）：占謀官、謀職，這個卦中擁有跟官運有關的所有好象徵，在夏季與秋季能夠確實達成目標。這是一個特別好的卦，多留意名字中有木腳（如林、柔）或名字有草頭（如葉、茂）者，將會成為貴人，給當事者很多幫助。

四三六：卦占未濟兩重財，進口添丁亦美哉，
聘用徵員皆能行，定知日後能和諧。

白話註解（未濟）：占聘用、徵員，表示無論想聘請的是什麼樣的人，家中的佣人也好、公司的員工也可以，或者是其他的打零工者，所有聘請行為都能夠帶來錢財上的利益，而且是豐厚的利益，且員工彼此能夠和諧相處，達到所需的工作要求。

四三七：家信深藏大有疑，親朋傳信未為宜，夏秋方許知端倪，目下還需按奈些。

白話註解（旅）：占家信，本該得到家裡的消息，卻好一陣子被敷衍過去或是聯絡不上，似乎某些親友想要隱瞞某些事情，雖然隱瞞的親友並不一定是惡意的，但於夏季或秋季就能夠開始知道事情的來龍去脈，不過現在還沒有辦法，只能多忍耐。

四三八：卦占詞訟遂君心，告狀逢官不吃驚，不必憂疑多進退，貴人得力有扶持。

白話註解（晉）：占原告呈告狀，這裡可以順遂地過關，不會遭遇到什麼災難。在法庭上發言記得多思考之後再說出口，而此種發言的適當與否，你是具有足夠判斷能力的。這個卦表示除了有貴人相助之外，當事人本身也不會有什麼受罰吃虧的地方。

四四一：鬼應文書來生世，讀書成就實無疑，占來定許成大業，木火之年折桂枝。

白話註解（大壯）：占念書，這表示當事人天生就是念書的料，可以輕鬆地靠智慧來成就自己未來的事業，當事人的學識是不可否認的，幾乎可以說是天才。五行中的木與火年（甲乙丙丁、寅卯巳午）年考試運特別好，所有考試可以安排在此。

四四二：卦占歸妹未堪誇，需知選婿有參差，若是今日圖容易，久後方知有怨嗟。

白話註解（歸妹）：占女方選婿，這個卦並沒有顯示出很好的卦象，想選女婿並不是完全無法如願，只是感覺雙方少那份甜蜜，當事人不論男方或女方可能會聽從父母的安排，但實際上並不是自願的，如此一來，兩個人相處久了之後會有怨言。

四四三：醫來剋病病無妨，可有靈丹即便良，
始信仙傳醫國手，寅申巳亥保安康。

白話註解（豐）：占就醫，這個卦表示病情本身不會對患者有太大傷害的，可以去找比較有名的正規醫師來診治即可康復，可以得到恰當的藥方，因此請不要忘記按時服藥，並聽從醫師指示。在寅申、巳亥之月或日病情就會好轉，可以開始康復。

四四四：人間終日雨淋漓，天道陰陽不定期，
到底雨多晴日少，時逢三七九可除。

白話註解（震）：占晴雨、氣象，天氣總是這樣的，即使現代科學發達，氣象局的預報也總是準不了多少。近日雨水很多，濕氣重，不容易放晴。不過本來就是這種季節，雨季到了誰也沒辦法去掌控老天爺。日逢農曆的三日、七日與九日太陽就可露臉了。

四四五：君問窮通可順遂，將來造化卻何如，十年好運方行起，家富人康百事昌。

白話註解（恒）：占近期運勢，不要想太多，你的命運很順利，命中十年的黃金期才剛要開始呢，何不趁此機會努力打拚呢？要問天命的話，天運是站在你這一邊的，因此請加油，以後成家立業將可保一切順利，家人健康平安，萬事興隆、順利。

四四六：妻財持世剋文書，科舉國考事不順，雖是入場無阻隔，只因當道有堪虞。

白話註解（解）：占國考，雖然說沒有很差，但這回並不是分數的問題，也不是努力與否的問題，即使考試本身並不會出紕漏，對當事人而言還是一個不順的卦，也就是所謂的「考運不好」的狀況，某些需要看主考官自身標準來改的科目，分數會不好。

四四七：官鬼持世必超群，入學考試遂稱心，行遠登高從此起，他年能許步青雲。

白話註解（小過）：占升學、考試，這回無論目標放多高，是否競爭者眾多、或是困難，對當事人來說都是沒問題的，可以順利擠進前幾名，也能進入與理想相符的科系。這會成為當事人經營未來人生的基礎，從這裡開始人生的康莊大道，將在面前展開。

四四八：取討資財兩見之，只宜急速不宜遲，三分財氣時方許，七分財氣尚遲遲。

白話註解（豫）：占取討、討債，應該現在馬上去討回屬於自己的東西，這筆帳已經拖欠很久了，不應該再拖下去。話雖如此，現在能討回的可能只有三成左右，還有七成得等日後才討得回來。不過記得不可因為只有三成就令其拖延，應該儘速去討。

四五一：普考選舉不如情，兄弟重重卦不寧，財旺生官還有望，不宜急迫且稍待。

白話註解（小畜）：占送禮、普考、地方選舉，這個卦表示暫時延緩才是上策，目前的局勢對當事者不利，此時不應該輕舉妄動，靜靜觀望是一個不錯的作法。這個卦是需要等待的，並不是說不可行，只是要等待一陣子，事情才能夠真正地順利成功。

四五二：求婚占來十分宜，二姓交孚兩得之，財喜豐盈多福壽，早應成全莫遲延。

白話註解（中孚）：占婚姻、求婚，早該成全的喜事怎麼還拖到現在呢？就是想太多了吧，可別再拖延到大好時機過了，這樣多可惜呀。不只兩個人能夠合得來，兩家人也能夠彼此相處愉快，且彼此都能夠為對方帶來豐厚的財運與家人的平安健康。

四五三：交易占之事可為，成交之後有差疑，
六爻無鬼終須就，若在春時更可奇。

白話註解（家人）：占交易，交易本身能夠成交，這一點雖然沒有問題，但是交易事後有導致某些糾紛出現的可能性。不過還算是小阻礙，普通的小麻煩而已，並不會有太大影響，如果能夠等到春天，事情將能夠更為順利，也能帶來更多的財利。

四五四：六爻官星不分明，財動生官事可憑，
當道有情求助力，冬初秋底有殊恩。

白話註解（益）：占陞遷，還需要等待一段時間，雖然說不是馬上就能夠如願陞遷，卻是非常有希望的卦象。有機會能得到內部上司的推薦而得到陞遷的機會，當然也別忘記好好努力工作，更要懂得飲水思源。秋季末到冬季初之間可以得到升遷的消息。

四五五：子孫旺相助妻財，母子夫妻兩得諧，
寅午戌爻音信至，平安孕育保無災。

白話註解（巽）：占生產，這個卦象表示母子倆人都能夠平安無事，約在寅午戌日就有好消息。整體而言是平安健康的，且一家人都非常期待這個孩子的到來，夫妻對孩子的事情也能夠達成共識，生孩子只要能夠順利平安，也就什麼都不求了。

四五六：外情占之卦伏藏，妻財不見子孫傷，
綠衣黃裡休顛倒，免被旁人話短長。

白話註解（渙）：占外面感情，這個卦在此不是一個好的象徵，這段感情本身不正，無法光明正大地公開交往，需要隱瞞，除此之外也是一段不被祝福的感情。記得分清楚事情輕重，不要執意於一時的歡快，否則之後的閒言閒語會讓所有人都不好過。

四五七：尋人何必苦追尋，消息雖真不得知，只恐旁人來做鬼，虛心實意枉勞奔。

白話註解（漸）：占尋人，其實不必辛苦地去找尋了，有人有意隱藏真相，而且此人近在身邊。你目前得到的消息是被誤導的，也有可能那個不見的人故意聲東擊西。目前為止的著急找尋有可能都是白費工夫，短期內還無法明朗。

四五八：欲占和事得稱心，世應相生事順遂，只恐一人來做鬼，喜逢原被要和平。

白話註解（觀）：占和解，可以順利進行並和平落幕，只是卦中有小人出現，小心被搬弄是非，事情要多方求證才能算數，不可以聽信片面之詞。目的是和解，因此即使小人帶來的損傷出現了，切勿去牽怒這好人物，責怪只會令事情更複雜化。

四六一：子孫妻財最為宜，合夥經營事可期，
目下雖知無大利，遲遲財喜自相宜。

白話註解（需）：占合夥，整體事情都在掌握之中，這表示彼此沒有隱瞞，可以互相融入在互信互惠氛圍裡，如此的合夥能夠愉快經營。短時間內雖然沒有辦法賺進大筆錢財，但是只要耐心經營下去，如此穩定的合夥關係一定會為你帶來收獲的。

四六二：走失家人來問卜，事當節但多不作，
旁人啜哄出家門，遂遂追尋猶可捉。

白話註解（節）：占走失，雖然身邊的親朋好友都會鼓勵你出去找人，但出門去尋找，就像無頭蒼蠅一樣是沒有用的，不如不心急，反而比較不容易節外生枝。最重要的是人能夠找到，這只是時間的問題，也別因為過度擔憂而忽略本有的生活。

四六三：君占手藝要勞心，若得勞心事可成，
秋初冬末多獲利，春夏財喜略平平。

白話註解（既濟）：占手藝、學一技之長，這個卦表示需要更花些時間去專精與摸索，手工藝的事務本來就是需要耗費心力去學習，不過這情形表示在於技巧上費力。夏天與春天收入普通，秋天開始到冬季結束的收獲會比較多。

四六四：君問壽年可長久，乃是南山松竹友，
一生心地皆無差，兒孫對對福祿官。

白話註解（屯）：占壽元，此卦表示問卜者是能夠很長壽的，而確實的歲數能夠多長呢？只要心存善念，腳踏實地安穩又快快樂樂地度過自己的每一分每一秒即可，向天地問心無愧，如此不但可以長壽，而且子孫還能夠個個有福氣又有財氣。

四六五：君來占卜問行人，黃犬青鸞有信音，
叔伯弟兄應亥子，子孫伴僕在寅申。

白話註解（井）：占來訪，人就快要到了，況且也不是毫無音訊，其實親人不都是有長期在聯絡嗎？別太著急。如果是長輩與平輩，會在亥子日到；若是晚輩，則在寅申日到。只管去想自己該做的事情、該準備的東西準備好了沒，其他的自有安排。

四六六：解人略忌有虛驚，行到中途要留心，
春夏占之無大害，秋冬定占有傷刑。

白話註解（坎）：占保護、押犯人，此行若是在秋季與冬季，則有發生意外的可能性，會造成人身方面的傷害；若是春季與夏季則僅有小驚險，並沒有大礙。整體來說，不論在什麼時節進行，都應該小心留意安全性的問題，畢竟人平安才是最重要的。

四六七：家宅平平少是非，放心生活莫懷疑，福神得力何須卜，秋季年冬利有期。

白話註解（蹇）：占家事，何必硬是要來問卜呢？未免太庸人自擾，明明就全家平安無事，老少皆安康，家人彼此的相處也很平順和樂，為什麼要一個人獨自懷疑著呢？就好好地過日子吧。保持如此安穩的生活，秋季與冬季可以帶來額外的收穫。

四六八：失物之人枉自尋，賊人上卦莫思量，財當招見休生怨，財去人安百事昌。

白話註解（比）：占失物，一切的追尋與尋找都只是白費工夫，什麼都找不到，這個情況當事人並無站在主導位置，如此一來什麼事都沒有辦法做了。俗話說花錢消災，就是現在的想法。請不要因此而產生瞋怨之心，錢財雖然丟了，卻換得人的平安。

四七一：謀事計畫大吉昌，鬼爻持世小人防，
時逢春夏多剝離，定在秋冬財利豐。

白話註解（大畜）：占計畫，表示非常適合執行所預定的計畫，大膽執行將能夠得到預期的結果，可以進行並且獲得成功，只是需要小心有小人會挑撥離間。春季與夏季執行則容易被妨礙，多口舌之災；如秋季與冬季去執行可以有豐厚的金錢收入。

四七二：久積青蚨買屋居，知君占宅得順遂，
成家立業多財利，旺發人丁百世居。

白話註解（損）：占房產，已經存了好久的錢，好不容易能夠買下自己理想中的房屋，想知道這個行動能不能有好的結果。這是一個值得恭喜的結果，這次購買房產能夠得到理想的收穫與順利的發展，家庭興旺人員健康，往後的日子都會平安順利豐收的。

四七三：病犯星辰宜保之，傷寒時熱總難期，平安藥餌多多服，全仗神藥有扶持。

白話註解（賁）：占健康，小心流行性感冒，並且注意感冒可能引起的發燒症狀，最近身體不是很安穩，所以作息要好好注意。只要按時服藥並遵從醫師指示，且自我調整身體作息不要打亂，並配合運動，即能像服了神藥，快速康復了。

四七四：若問移居事可為，六爻無鬼治之遲，妻財持世財星旺，以後應知利益興。

白話註解（頤）：占遷移，不會遭到什麼阻礙，平安順利的徵兆。除了身體健康平安之外，財運也能夠非常亨通，未來可以得到很多利益與利潤。有時候只是搬遷而已，恰好搬到一個好地點就能帶來家庭和樂、人丁興旺，如此的結果值得為此花點金錢。

四七五：分家占逢此卦爻，鬼爻持世全徒勞，小型營收有獲利，若是分家有禍招。

白話註解（蠱）：占分家、分家產，這個卦顯示這次分家只是白忙一場，沒有利益可以拿之外，還會招來不少麻煩事。另外這個卦有顯示經營小型生意會順利的象，應該趁此機會好好利用，去經營一些小生意，會從中得到利益，不要急著分家的事情。

四七六：君來占卜問兒病，福德隨身能保安，縱有風波但無浪，吉星拱照喜哈哈。

白話註解（蒙）：占兒病，這個卦表示小孩自有自己的福星守護著，即使現在身體微恙，但是不至於對小孩本身造成什麼損傷的，每個小孩都會有小病發生，乖乖帶去給醫生診治即可，不需要擔憂過度，這個小孩很有吉祥的象，因此不必擔心。

四七七：會事談判不煩憂，福神拱照必無愁，日逢巳午方成就，戊戌庚申可遇頭。

白話註解（艮）：占會商、談判、接洽，是有吉星高照的卦，什麼事情都能夠平安順利，也代表此次邀集所有人一起會商是得宜的時機，卻沒有什麼需要擔心的問題。巳午日將能夠把所有事情做個總結，戊戌庚申日則能夠讓所有人順利會合，圓滿達成。

四七八：子占親病身何恙，病到臨危又復生，日逢巳午能痊癒，從此無災過有秋。

白話註解（剝）：占父母親病，這次可能頗嚴重，病情會嚴重到一個程度，但是若老人家還有足夠的意志力的話，只要稱過巳午日，之後就能平安到秋季。真的擔心病況的話，別在這邊瞎操心了，去真正地關心對方、照顧對方吧，只有人快樂才能長壽。

四八一：否極終須有泰來，數占求子遂心懷，六爻無破終須有，求神作喜產貴胎。

白話註解（泰）：占求子，多年來都求不到的孩子終於開始有點機會了，只是不一定很快就有消息，有可能得等上一段時間，才能夠有孩子，除了多行善回饋社會，也可以多去做些義工來累積功德，並做身體的調養，以此來求神才得靈驗。

四八二：取魚短投志氣高，欲占長川釣巨鰲，幸得福神重重卦，東成西就樂滔滔。

白話註解（臨）：占短期投資、捕漁，這次眼光鎖定得非常高喔，既然有如此雄心壯志，怎麼還來擔心地問卜呢？不過，恭喜你，這個卦是有福神在庇佑的意思，能夠得到好運的關照，事情能夠順利地成就，因此即使目標放得很高，也是能夠達成的。

四八三：入住妻家事可為，財臨應位有歸依，只嫌文書多高照，花綻頗多子結稀。

白話註解（明夷）：占入贅、入住妻家，這門親事是擁有良好卦象的，能夠帶來豐富順利的財運，也能夠組成關係良好的新家庭。單從此次的卦象來看，也能夠稍微看到未來生的小孩的一些端倪，會生較多的女兒，男孩子比起女孩子較少一些。

四八四：種田難許大收成，雨少晴多雨不均，早禾不如晚禾好，他時方信卦通靈。

白話註解（復）：占長期投資，不會有太多的大量收獲，所投資的目標市場冷的時間比熱的時間還要多，而且可能會比原先預估的獲利時機還要更久一點。偶而試試看吧，看看晚一點收手會怎麼樣，你應該有足夠的知識，能夠判斷哪個是比較好的選擇。

四八五：夜夢顛倒不必憂，只因多利在心頭，
紛紛人事難同願，待到春來始遂求。

白話註解（升）：占夢境，明明做了好夢，為何回到現實面都成相反，只要原因是平常事情太多、壓力太大，又因為太多的人事物所引起，而沒辦法舒解，才會如此煩心，等到春天到來，您就能找到舒壓的出口了。

四八六：是非口舌也須防，破好終須有一場，
凡事休強須退步，饒人一著最為良。

白話註解（師）：占糾紛、口舌，人生在世跟他人相處應對，口舌是非難免，但最主要的是人與人相處，不要一味著想占別人便宜，是好是壞總是交情一場，有時則該知道不要只為了面子而逞強，退一步海闊天空，雖然是老話了，但卻是做人之道。

四八七：父母重重舉薦多，知君求館問如何，子孫持世多財力，賓主相投似錦羅。

白話註解（謙）：占店面、住宿，這個卦表示所問的這個店面是適合問卜作生意的，除了會帶來豐厚的財運之外，也能帶來許多的貴客，而且有些客戶都光顧成朋友的友好關係，達到雙贏效應。這是一個極棒且能夠帶來好處的店面。

四八八：此卦君來問出行，鬼爻在應有虛驚，徒然跋涉無小利，奔走勞苦枉費心。

白話註解（坤）：占出行、旅遊，卦表示有危險性在，這個鬼爻在卦象中出現對於人身安全是不利的，許多令人不安的干涉要素一個接一個出現。如果還是硬要出門這真的不是很令人安心的事情，並且原先出門的目的也沒有辦法達成。勸君拖延一下吧！

五一一：起造占之福德饒，八純乾卦最為高，興家立業從今起，富貴榮華在後招。

白話註解（乾）：占起造，此行動是能夠帶來許多福氣與豐饒的財富的，因為是一個屬於主動的行動，正需要陽剛之氣，這個卦中充滿了陽氣，來進行此是最有利的。不論是要當住家還是做事業，起頭都能帶來利益，後頭的富貴榮華絕對少不了。

五一二：子孫持世有扶持，問解錢糧無是非，驚恐有些無大害，完官得意喜歡歸。

白話註解（履）：占運貨、米糧生意，這個卦表示與周遭的事物有良好的合作，因此能夠順遂沒有問題，至於會出現一些普通的小問題，但也沒什麼妨礙，只管去完成這個行動即可，不用擔心。與此關連的其他事情亦不會有問題，而且得意歡喜而歸。

五一三：官鬼文書兩字諧，經商生意不必疑，貴人現身來加持，目下許君七分財。

白話註解（同人）：占生意、經商，順利和諧不必擔心，不論是與公家有關的生意或是跟一般商人來做的簽約性質的生意，都能夠順利如意，沒有任何需要操煩的事情，而且冥冥之中會有貴人相助，如此一來還需要問什麼？有高達七成左右的利潤可拿。

五一四：見貴面試全順昌，出入求榮果有緣，魚水相投多契合，東成西就益財源。

白話註解（无妄）：占面試，這是能夠遇到投緣的人之象徵，既然面試是人對人，投了緣就看什麼都順眼了，當然也能得到對方的大力推薦，且因此能夠拓展廣大的人脈，可以從各地獲得豐富的財源，未來此貴人一路罩著您。

五一五：文書臨應喜相生，脫貨銷售必稱心，
戊己來臨方可全，如逢寅卯且稍停。

白話註解（姤）：占賣貨、銷售，可以順利賣出，當然，賣東西就是希望利潤多，這個卦中顯示的利潤也有足夠的豐收可得，能夠順心如意地售出，契約文件等等也一應俱全。如果遇到寅卯日可以稍等一會，因為利潤不會很好，等到戊己日能夠開始順利。

五一六：世喜應外不為良，養殖多勞無法強，
幸得福神來上卦，收成一半可平常。

白話註解（訟）：占養殖，這個卦象對養殖事業而言並不是很好，雜事會很多，忙了很久但是收入難以成正比，這次養殖將逃不過天災人禍。幸好還有福神出現的徵兆，算是勉強能夠抵過去，不過收入可能只達到預期的一半而已，算普普通通。

五一七：卦占訴辯不知情，勉強行之定有刑，待得秋來可分剖，目下忍耐莫生嗔。

白話註解（遯）：占訴清冤情，狀況不明朗，當事人自己都沒有完全把握自己得立場，這樣的狀況貿然然答辯並不是一個理智的決定，若是衝著一口氣硬要對立，恐怕會傷及自身。等到秋天事情將會開始明朗化，在此之前要準備足夠的理由訴情。

五一八：文書簽約應相生，欲領批回可稱心，戊己庚辛方入手，如逢寅卯且稍停。

白話註解（否）：占簽約、證書，有樂觀的樣子，是一個能夠簽下明確且有利的約定之兆，任何與文書約定有關的均能夠順遂無缺憾。需要注意的是，寅卯日比較有莫名其妙的阻礙，在戊己庚辛日能夠完成這個順利無礙的徵兆，讓整個契約得以完成。

五二一：捕魚精通可立身，釣船湖海顯高明，自強不息工夫妙，到手隨身利益增。

白話註解（夬）：短期投資，問卜者的手腕相當高明，對於投資的眼光精準到位，本來就沒什麼需要擔心的事情，即使放著不管，問卜者也會自己尋找適當的資訊，並且確實判斷哪些投資對自己有利。只要在投資手腕上繼續精進，可以確保有相當的收入。

五二二：此卦應世不相和，出行旅遊有差訛，秋冬之後能順利，春夏之時憂慮多。

白話註解（兌）：占出行、旅遊，這個卦表示整件行程完全跟著事實落差極大，如此一來事情容易出差錯，屬於較難以控制的變數。春季與夏季不太適合出行，就怕問題多多，即使是出門去玩的也沒辦法玩得開心，秋季與冬季則能夠安心。

五二三：官鬼妻財兩事周，夢魂顛倒不須憂，
一時謹慎無煩惱，困守清貧可自由。

白話註解（革）：占夢境，別再讓夢境的事情困擾自己了，只要平常小心謹慎，事情自然可以該過去的就過去。有時錢財並不那麼重要，雖然也不是叫人不要上進，但是該知進退，身邊沒有很多錢，有時反倒是好事情也不一定。

五二四：世應守空未為良，君來占館莫空忙，
勸君休聞閒言語，直待年末再主張。

白話註解（隨）：占店面，不是很好的卦象，不只不應該馬上決定這個店面的使用與否，甚至這個時機本身就不是很順利。這個店面不管要找要用，總是會白忙一場而已；還有務必小心旁人的閒話與謠言，千萬不能聽。一切等到今年末再重新評估。

五二五：澤風大過兩重財，投資收成實美哉，旱少雨多禾稻穩，高低兩處並無災。

白話註解（大過）：占長期投資、秋收，這個卦帶有豐富的收成之意味，當然能夠得到很好的利潤，並且是超乎預期的，幾乎可以說是好運所成就的高利潤。另外不必擔心已經投資下去的其他部分，那些部分也會得到其應得的利益。

五二六：子遲子早命中招，且自安心不用焦，目下有求難遂意，海中高樹有仙桃。

白話註解（困）：占求子，孩子的到來命中早有註定，只是早晚的問題而已，請暫且放心不要焦急。不是現在馬上就能懷上孩子的，除了需要等待之外，還要找醫生協助，卦中顯示可以尋找高人指點，聽信偏方未必健康還容易上當，當然要找合格的醫師。

五二七：是非糾紛不為凶，有水無風總是空，只管安心休畏懼，自然消散得和同。

白話註解（咸）：占糾紛、口舌，這個卦雖然有小爭執存在，但不會對雙方感情上有太多影響，時間能夠療癒許多事情，時間一久，什麼都可以順水流了。不要太介意與擔心，即使你想要和解，其實對方也不想提起往事，就讓時間去沖淡一切吧！

五二八：入住妻家喜氣濃，財逢妻子兩星榮，他年管教得家業，少婦齊眉直到終。

白話註解（萃）：占入住妻家，這門婚事能夠讓兩家興旺且和樂融融，帶來財運並且如果喜歡小孩的話也能如願，這個組合彼此對家庭的管理能夠很恰當，讓整個家庭順利和諧並且平安昌順，是一個喜氣洋洋的卦象，出現在問婚事自然代表大喜。

五三一：鬼臨世位洩妻財，若問求婚事無諧，待至秋冬另有得，自有好緣遂心懷。

白話註解（大有）：占婚姻、求婚，卦表示即使論及婚嫁，最後當事者雙方甚至是兩方家人還是會因為某些事情無法達成共識如緣不夠的話，長痛不如短痛，大家好聚好散吧！等到秋季與冬季，將會有別的良好因緣出現，到時就可以毫無後顧之憂了。

五三二：和事占之無法順，弟兄持世難商量，交冬方得遂心意，若在春秋有刑傷。

白話註解（睽）：占和解，這次沒有辦法順利，當事者太過強硬，這點對方也完全不輸給當事者，就像兩頭牛互相角力一樣，還是各持己見，完全沒有辦法妥協。春季與秋季小心會演變成肢體衝突，到了冬季方能開始有平息的跡象。

五三三：子孫持世子星明，孕產多應喜氣生，母子俱安毋多慮，數中保汝得安甯。

白話註解（離）：占生產，這個卦的卦象很樂觀明朗，而且子息星宿旺盛，帶有光明順利的象徵，占問生產自然也能夠帶來平安和諧。母親與小孩雙方都能夠健康平安，不要太過憂慮，有時反造成當事人壓力，這個卦象已經顯示了是完全的平安與順遂。

五三四：應來生世問尋人，子丑亥日定有因，不必憂心空費力，遲遲自得返家庭。

白話註解（噬嗑）：占尋人，這回是離家出走而不是遭逢什麼變故，所以不太需要擔心欲尋之人的人身安危。人不見的原因請回頭看看子丑亥日，原因應該頗為簡單明瞭，事情的奇竅就在那個時候出現了。人沒事的，且等待一段時間自己就能夠回家。

五三五：君占此卦問陞遷，怎奈文書交不全，
冬令喜神多謀幹，夏秋猶恐有遲延。

白話註解（鼎）：占陞遷，陞遷有需要各種考核的實績或是有某些上司的推舉，不過此時這些要素並不齊全，因此事情會有所拖延，尤其是在夏季與秋季更是急不得。到了冬令時節開始能夠期待好消息。不需心急，該你的就是你的。

五三六：未濟之中終有濟，普考納監不為奇，
雖然目下難遂意，管教秋冬願可期。

白話註解（未濟）：占送禮、普考、地方選舉，並非一個適當的好卦象，只是普普通通，雖然不是好時機，但是也不會帶來什麼壞處或好處。短時間這個事情無法達成是確定的，直到秋冬對方將會有其需要，到時候比較有機會建立一個互惠的關係。

五三七：外情原貪美貌才，到家只恐不和諧，
不如丟過遲已娶，自有佳人送子來。

白話註解（旅）：男占外面戀情，現在這個對象長相非常好看，也很有才華，充滿了過人的魅力，不過這個人會造成家庭革命的，更不能帶回家中。不如先看開點，等過了一段時間，可能會遇到可協助事業、家庭的人選，而且也能添丁。

五三八：交易占之晉卦爻，應來生世許成交，
若問利益秋季旺，百世相生福祿昌。

白話註解（晉）：占交易，基本上有成交的象，因此能夠毫無顧忌地去努力拉上業績。如果要說利益最大的一筆應該在秋季。其實當事人自己就頗有財運，做生意大多能夠順利成交，且帶有很多福氣與財氣，不論身在何種職位上，只管好好發揮。

五四一：買屋房產事可順，只宜速置不宜遲，春秋恐有旁人奪，夏季取之必定宜。

白話註解（大壯）：占房產，此筆房產交易可以順利成交，也能夠買到自己想要的格局，不過事情還是快點進行，尤其是在夏季最佳。春季與秋季可能會被搶先去。整體來說只要配合夏季的時機點即可，夏季時機點抓對了，後續就不會有問題。

五四二：父母得病把卦占，許福求神或可延，年逢七九休歡喜，兼收妙計始無尤。

白話註解（歸妹）：占父母親病，如果父母親的年歲正好到了七十九歲或逢七九，容易陷入危險情況，身為子孫的若去求神明行善積功德，還有些機會可能延長一些壽命。即使延長了父母親的壽命，也得安排些活動，不要讓老人家一個人孤孤單單。

五四三：應識分家後有收，自然得利不須愁，
福神旺相臨門戶，財利滔滔無怨尤。

白話註解（豐）：占分家，這個卦是有利的，基本上能夠得到實質上的利益，不用擔心會吃虧或者有什麼不公平的地方，不必用力爭取，自然能夠好好地分到。屬於自己的那一份，對於金錢收入來說可說是很大一筆，絕對不會造成日後覺得怨嘆的事。

五四四：福神不到事難全，會商接洽不安事，
目下眼前莫著急，可交同氣共相連。

白話註解（震）：占會商、接洽，沒有福神到臨，也就是說事情會出紕漏，會產生許多瑕疵，且會造成整個與會人員的不安，事情如要有所改善，就另選會商的日子，以免造成不協調的事件發生。目前無法著急，只能等待。

五四五：遷移移居許稱心，不移當有是非生，
吉星應在東南位，家業田園百事亨。

白話註解（恒）：占遷移，不管此遷居為何事，但確實是適宜的，除此之外，卦象也顯示如果不去動、不遷移的話反而會開始招惹麻煩，即使還沒有尋找到適當地點也應該先離開原本的地方。可以往東南方向尋找，將能夠找到平安豐盛的好地點。

五四六：謀事談判有蹊蹺，義氣相投財可交，
若能遂意臨門户，管教財利日日招。

白話註解（解）：占計畫、會議、接洽，這個計畫的主導權並非完全在自己手上，因此計畫中有些項目並沒有把握得體，因此需要小心，確認與自己一同執行計畫的人是否確實與自己義氣投合。彼此想法相同的話能夠為彼此帶來良好的財運。

五四七：子女生病吉凶何，乃因災星臨命宮，
非神保佑難為力，猶宜急禱祈神仙。

白話註解（小過）：占子女生病，這次有災星現身，對孩子的病情頗為不利。膜拜神明及祈求神明之外，更要祭拜祖先、祈求祖先保佑，另外也尋求正規醫師雙管齊下，將會有起色的。記得：不能找偏方。

五四八：君占疾病事無妨，福德天醫不順祥，
可去求神並作福，遲遲方許得安康。

白話註解（豫）：占健康，身體有微恙，但不致於需要驚嚇過度，只是輕微感冒之類的，只是會拖一段時間。祈求神明並且多多行善能夠比較快痊癒。人都會生病，生病並不可怕，但是如果整天操煩著想說自己怎麼了阿，這樣沒病也會給自己嚇出病來的。

五五一：女婿選之枉費心，子孫受剋已無情，若還應重龍子選，方許成家立太平。

白話註解（小畜）：占女方選婿，受到長輩的安排而產生的，小孩的意見不被重視，兩邊都心不甘情不願，這種婚事結了以後，也只會抱怨而已，何必這樣強迫小孩呢？如果還是想要孩子結婚，就尊重小孩的選擇吧，如此才能保住小孩未來的幸福。

五五二：討取物財事遂心，從今財物自然增，求謀遂意無攔阻，申子辰日見祥正。

白話註解（中孚）：占取討、討債，不只該討的東西能夠要得回來，還可以增進往後的財運，不過很慶幸的是，當事人占到此卦，不論是求財或是做事業都很順遂，尤其到了申子辰日能夠完整地討回在別人手上屬於自己的東西。

五五三：近期運勢何細詳，眼前造化已非常，再能積德行方便，子子孫孫福祿長。

白話註解（家人）：占命運、近期運勢，現在已經非常好了，還有什麼不滿足的呢？又為什麼要前來詢問呢？既然命運已經很好，剩下的就是要行善積德了。擁有很多的時候就該撥些出來做公益，這樣才能讓自己也讓別人更快樂，也可替子孫積福德。

五五四：財爻持世喜非常，入學占之定有功，上下貴人皆得力，管教拔選入學堂。

白話註解（益）：占升學、考試，表示能夠順利考上理想的學校，不只如此，考進去之後成績仍能名列前茅，也能常常代表學校比賽得獎，很容易得到老師與各界的讚賞，也能夠得到非常多人的幫助，只要繼續用功念書，未來依然能夠保持如此好運。

五五五：欲問天晴天不晴，東南方上有青雲，若還問雨寅申見，雨少晴多卦有靈。

白話註解（巽）：占晴雨，得到這個卦表示如果希望天氣出太陽，老天爺就會是雨天，往東南方向或許還有放晴的機會，也就是說不會下太久；如果問什麼時候才會下雨，則等到寅申日即可，不過還是雨水不多，大晴天的機率會比較高。

五五六：世應重重兄弟存，就學進修可有進，讀書修己練工夫，學業才高自顯明。

白話註解（渙）：占念書、就學、進修，雖然是能夠好好努力以達成目標，不過這條路你所遇到的競爭對手還真不少，這時候更要精進自己的學習才行，抓出自己擅長的科目，專注去執行自己該有的認真，那自然就會有好成績。

五五七：子孫宮破文書破，科舉國考恐失望，
年逢子午始得力，今日休問貴高低。

白話註解（斷）：占國家考試，今年的考運不是很好，而且念書也覺得明明很努力，但是卻怎麼都念不進腦袋，這在競爭強烈的國考裡面是很吃虧的。到了子或午年開始才能夠上軌道，考上的機會比較高，現在只能學會想開一點，並繼續加油努力。

五五八：迎醫行世兩利同，柔位平平病不凶，
觀我終身君子道，須知不藥自然通。

白話註解（觀）：占就醫，得到這個卦表示不需要特地去尋遍找名醫，只要當地的醫生即可療癒。也可以找心理醫師來調整一下心境，或是去寺廟祈福，配合適當的運動，舒解壓力、心情，如此放寬心自能不藥而癒。

五六一：君占此卦欲回鄉，程途迢遙且損傷，
秋冬之際莫妄動，夏春二季也平常。

白話註解（需）：占回鄉，在此時機若要回家鄉，恐怕是路程遙遠，除了耗體力，卦中有呈現出不能順利到家的象，如果可以延緩的話就請延緩回家鄉的計畫吧。尤其是秋冬二季更是不宜輕舉妄動；不過到了春夏季要回鄉時，也是要非常小心謹慎。

五六二：卦占開店不遂心，勉強開之必有驚，
若是不開切莫勸，須知貪戀少收成。

白話註解（節）：占開店，這個卦表示不順利。可以檢視自己的開店動機，是不是只因為看別人好像很賺錢就跟著開？根本不了解自己想要經營的生意到底本質是什麼？在動機不正的情況下開店是無法得到多少收穫的。切忌因迷貪會使利潤受阻。

五六三：放帳占之必能收，財爻鬼變主憂愁，弟兄兩見財無旺，算本還頭莫妄求。

白話註解（既濟）：占放帳、放款、錢財借出，這次不會因為放帳而得到多少利息收入，只有普普通通而已，因為這個卦的財不是很旺，額外的收入自然不多。不過還是一定能夠收回本金，所以也不是完全不可行，只是沒有什麼利潤可言而已。

五六四：官鬼兄弟兩見之，問人借取定便宜，求謀遂意無攔阻，一任施為喜可期。

白話註解（屯）：占借款，能夠順利地向他人借取款項，這個卦表示能夠順遂如意，不會遇到阻礙。且借錢給問卜者的人，並不會急著催討款項，甚至是把錢交出去後就無所謂的類型，當然到了還款期限還是應該按約定還款，要顧及自身的信用、誠信。

五六五：求財喜得貴人助，世應相收大吉昌，
但是目前阻礙生，遲遲方許遂心腸。

白話註解（井）：占求財，能夠順利得到預期的數目，並且能夠得到貴人幫助，只是目前阻礙多，因此短時間內並不是求財的好時機，等待晚一點即可求得，不需要焦急，仍然是擁有豐富財運的一個卦象，只需要慢慢來，即能心想事成。

五六六：販賣六畜未為好，經營不利莫強求，
盲目購買利益失，還防走失不周全。

白話註解（坎）：占養寵，現在本身的時機不對，可能是家人反對，也可能是自己沒有考慮好是否能夠負擔起關於寵物、六畜開銷上及保護措施，在這樣的情況下硬是想養寵物，自己也不快樂，而且寵物、六畜也可能會跑丟，白忙一場。

五六七：賭博手氣許稱心，應來生世喜相生，時逢亥子財星旺，一擲金錢得萬文。

白話註解（蹇）：占賭博、手氣，手氣不錯，錢財會往你身上聚集，尤其是在亥子日時的時刻，財氣更是旺得不得了。現在是只需要用少少的資金就能夠有大大的收穫，賭徒的最理想狀態。只是別忘了好運是不會一直持續的，記得見好就收，不要著迷。

五六八：君占風水事非宜，前有空嶇後有崎，辰巳乾龍方算美，其餘山向不為奇。

白話註解（比）：占墳墓，目前選定的地點並不是很適合，有地形刑煞的象徵，應該選別的位置。若想找新的位置，來龍宜辰巳乾的來龍或方位才好，其他的方向都只能普普通通。除了祖先墳墓位置的重要性外，也別忘記該有的敬拜禮儀。

五七一：逃去家人不必尋，子孫未顯枉勞神，東南方上相安樂，細訪從容報好音。

白話註解（大畜）：占走失，不必太過費心焦急找人，這個人目前不在能夠尋找到的範圍。現在人應該在偏東南的地方。走失這個人，目前過得不錯，慢慢來，細心探訪，自然能夠尋找到，並且準備好好地去與對方溝通，才是解決之道。

五七二：失財失物不須忙，躲在東南水井旁，巳亥有人傳消息，甲戊庚日見正祥。

白話註解（損）：占失物，這個卦表示不用緊張也不用忙得團團轉，因為東西就近在眼前。不見的東西在東南方向上水龍頭、水溝或魚缸附近，凡是與水有關的都能找看看。巳亥日會得到有人見過你的東西的消息，甲戊庚日就能真正找到了。

五七三：君占此卦問行人，人在他方未轉身，不歸來時無利息，還防冬上有虛驚。

白話註解（賁）：占來訪，人還在遠方，被其他事情所牽絆，也還沒準備要動身前來，還要等上一段時間。此人未到，很多事情都無法進行，或者說不應該進行，因為即使進行也無法順暢。若到了冬季，需要多注意安全上的問題。

五七四：家宅平安福壽長，官鬼不現信無妨，三分利息秋冬見，春夏占之更喜揚。

白話註解（頤）：占家事，目前家裡人一切平安且健康長壽，沒有發現卦中有什麼危險的象徵，因此大可放心不需擔憂。如果占卦的時間正是秋季或冬季，表示近來家庭收入可以得到多一些，如果占卦的時間正是春季或夏季，則表示有喜事當頭。

五七五：平生勞碌用心機，早年刑剋可相期，
老景豐衣可足食，壽年八十內外傳。

白話註解（蠱）：占壽元，這一生當中經常給自己帶來許多的麻煩，雖然也可以說是能者多勞，且用盡心力去做每一件事情，但早年多不順遂，很容易遇到各種障礙。老年開始終於可以享福了，吃穿都不用愁，真正的壽元，至少達到八十歲以上。

五七六：子孫持世卦為親，合夥占之百事亨，
財旺人和多喜色，管教日後收成好。

白話註解（蒙）：占合夥，合夥能夠順利亨通並且賺進不少利潤，即使賺了許多錢彼此還能合作愉快，真的是很好的一個卦象。只要持續好好地溝通，文書帳目要清楚，便能夠持續如此順利進展，並且得到要好的合作夥伴，同時帶來相當豐厚的收入。

五七七：解人快遞主和諧，奔波辛勞可放懷，
只恐拖拉延歲月，交還便得貴人來。

白話至解（艮）：占快遞、宅集便、押犯人，這個卦沒有危險的徵兆，雖然路途上奔波辛勞是免不了的，但是可以安心行事，不需要顧慮多餘的事物。但是唯一不好的地方是路途真的很長，可能會延遲到時間的問題，不過如果安全到達了能夠得到獎賞。

五七八：一技之長卦為昌，手藝高超揚於世，
雖是勞心並勞力，一年四季利汪洋。

白話註解（剝）：占手藝、一技之長，這個卦雖然告訴你，用手工藝品來賺錢這條路是辛苦又麻煩，有很多事情要學，也有很多的事情需要處理，然而你的手藝很好，能夠產生一定的知名度，並且賺進不少錢，再辛苦的付出都是值得的。

五八一：小人難許遂君懷，貪合逢官事不諧，
買貨完交多利息，閒非口舌不可聽。

白話註解（泰）：占買貨、買進，買貨這件事情本身能夠完成交易，並且能夠賺進利潤。只是過程中可能不是很愉快，有小人故意地阻礙，也會產生相當程度的不順利。重點是完成交易之後切莫聽信周圍的閒言閒語，那些話不會帶來什麼好事的。

五八二：君占告狀稱君心，官鬼扶身事可成，
若還見官有刑剋，寬心和解免憂災。

白話註解（臨）：占原告呈告狀，可以達到順利如自己所願的結果，判斷的人比較偏向自己這一方，因此能夠打贏這場官司。如果對方是官員等級的人物，則需要小心，能夠和解就和解，不要執意告狀，則後來將有一連串麻煩事來找上門。

五八三：求官謀職未遂心，內定貪合亦難諧，
春夏兩季猶可勝，還得貴人好商裁。

白話註解（明夷）：占謀官、謀職，要知道，不是經由正當路途取得的官職並不適合你，即使坐上去了，也沒有好日子可過。春季與夏季還能好一點，且能有貴人幫助以安穩。如果是其他季節則表示容易發生不順的事情，因為此職位已內定了。

五八四：家鄉阻隔信音稀，眼望穿兒意莫遺，
日下須知當見面，春初夏末是歸期。

白話註解（復）：占家信，家人因為忙碌太少跟您聯絡了，現代通訊發達，很難再說路途遙遠，所以您可以主動打電話關懷對方，不用一直等待對方的音信，也不要責備對方。春季初到夏季末即是回家的時間點。

五八五：置田買地莫猶疑，管取田中利祿肥，休得旁人爭買去，早當成就莫稽遲。

白話註解（升）：占買田、買土地，得到這個卦表示能夠享受到這塊地所能夠帶給你的利益，不管是要承租，或是馬上買進，或是拿它開店營業，這都是一塊好地方。早點買下來吧，小心好東西一下子就被搶光了。此卦的重點就是「快點」！

五八六：財能破印子傷官，參正選舉事未安，君不見機多煩憂，遲遲方能圓心懷。

白話註解（師）：占參政、高考、中央選舉，這是一個帶來不安的卦象，表示目前這個舉動只會帶來種麻煩，無法發揮理念，也無法得到利益，現在眼前這個時機暫且休息吧。雖然說等得夠久就能如願，不過這一段時間並不算短，需要相當的耐心。

五八七：君因聘用徵員來，永遠綿長後我多，
目下閒言休妄聽，一心辨價不差池。

白話註解（謙）：占聘用、徵員工，能夠請到相當優秀的員工，只是會生起流言，需要小心人言可畏，切勿聽信周遭的閒言閒語，免得因誤會而失去好員工。既然是好員工，就該捨得給薪水，只要給予適當的薪資便可留住該留的人。

五八八：舉薦入閣恐難安，守舊平安自無災，
若是妄想繩頭利，定有刑傷費心懷。

白話註解（坤）：占舉薦、競選、當公務員，經由推薦而進入某職場工作，情況因人而異，有人恰好坐在適合自己的職位，有人只會招來難聽的傳言；這卦的情況是屬於後者，且因為進去並沒有讓你的薪水提高多少，反而帶來是非，不如先安穩不動。

六一一：世應比和萬事吉，出行旅遊無紛擾，
春夏財利自然高，還占秋冬空費心。

白話註解（乾）：占出行、旅遊，事情都很順利吉祥的卦，能夠愉快地出門平平安安地回家，人能夠安全無虞，也不會有困擾或麻煩事。春季與夏季有額外的收穫可得，至於秋冬則同樣平安無事，但沒有額外的獲利可言，若是出門做生意就不太適合了。

六一二：鬼爻無情未為歡，男女求婚事不安，
入住妻家要斟酌，恐防日後不安全。

白話註解（履）：占入贅、入住妻家，雖然沒有特別不好的事情，但也無法成的好事。當事人男女雙方都不喜歡彼此，這種婚怎麼結得成呢？這件事情還得再三思，免得結婚之後惹了一堆麻煩。整體而言應該緩些日子再談吧！

六一三：投資秋收恐不多，東奔西跑枉勞碌，高田不及低田好，富貴重重破損多。

白話註解（同人）：占長期投資、秋收，這次投資恐怕只會白費工夫，為了這場投資冬奔西跑湊資金，又花費了一堆功夫去分析市場，但是還是沒辦法賺到多少。財運沒那麼旺的時候，不如把眼光放低一點，去做小一點的投資還比較安全且有賺。

六一四：樹正何愁月影斜，是非糾紛不須嗟，貴人喝散何須懼，守己安然莫管他。

白話註解（无妄）：占糾紛，雖然口舌是非已發生了，但是你知道自己的立場是正確的，你知道自己沒有做什麼虧心事，這才是最重要的，不需要怨嘆周圍為什麼要這樣傷害你，安份地做自己的正經事是最好的應對方式。自然有貴人會來阻止這場災禍。

六一五：君來問卜為身謀，求店住宿不到頭，無奈主人性情異，不如捨此再他求。

白話註解（姤）：占店面、住宿，雖然有找到不錯的地點，不過事情好像都還沒有到位，因此進行到一半就會受到阻礙。此事應該是原屋主性格與問卜者不合，導致兩個人談話無法理解彼此的意思而失敗。就捨棄這個地點另尋吧。

六一六：短投捕魚利多強，欲知氣象定商量，風雨交加無防事，秋來有餘勝仲秋。

白話註解（訟）：占短期投資、捕漁，有豐富的獲利可得，不過在這之前請務必好好觀察市場動向，除了憑著自己的經驗與知識之外，機會是留給有準備的人，只要看準商機，再來投資才有獲利。但是也要防備突如其來的崩盤。農曆七月比八月更有利。

六一七：求子占之尚未果，刑傷剋害見他年，將來得子成家業，晚景安閒樂自然。

白話註解（遯）：占求子，現在短期內還沒有辦法得到小孩，有以前曾經工作過的地點、或者以前做過事情的後遺症在。但是可以不用擔心，命中還是有能夠成立一個完美家庭的徵兆，也就是說還是能有小孩，小孩會孝順，晚年可以安心地高枕無憂。

六一八：家不成分業不就，夢魂顛倒成難剖，三年後運興交成，利祿兼優齊相湊。

白話註解（否）：占夢境，不要再如此無所事事像個行屍走肉一樣，渾渾噩噩了，就是這樣才會讓你那麼在意夢境這種虛幻的東西，不要到最後連現實與做夢都分不清楚了。三年後你的運會到，到時候記得好好努力完成該做的事情，之後才有福可享。

六二一：卦中有鬼事難成，告狀知君不稱心，更忌兩重財暗動，不如忍得且稍靜。

白話註解（夬）：占原告呈告狀，有被妨礙的跡象，不過不要費心去找阻礙的斟節點，沒有用的，不順就是不順，而且對己方非常不利，不論怎麼做都有阻礙。現在比較適當的行動是忍耐，暫時按兵不動，等著對手出招再來接招，等著我方的時機到來。

六二二：舉薦跟官事不如，文書官鬼兩差池，回頭趁早成家計，免受刑傷空自吁。

白話註解（兌）：占舉薦、競選、當公務員，無法得到預期的結果，也沒有得到想要的利益。不管如何去做，事情總是會有問題，官運不順，只要跟官場或職場有關的事情，要在被推薦的狀態下目前都是無法順利進行，不如先回家吧，免得有災禍上身。

六二三：置田買地問端詳，置後財豐利綿延，
卻喜中人更有力，田財之後必高強。

白話註解（革）：占置田、買土地，這塊土地有豐厚的利潤可以產生，買下來可以帶來各種各樣的利益。不過最主要的還是問卜者自己本身就很有能力跟福份，來得到這塊福地，往後，也是擅長於其他利用；買了這塊好地之後當然能夠更加有利。

六二四：子孫不上卦爻問，聘用徵員事不遂，
世應兩空官鬼動，將來口舌有憎嫌。

白話註解（隨）：占聘用、徵員工，沒有辦法順利聘請到需要的人才。雇主自己就沒準備好了，可能是訴求不明確，無法讓人才自由發揮，也可能是處在無法活用人才的狀況，如此當然難以找到好人才來效力。硬要請一個來的結果就是會招致埋怨。

六二五：家信遲遲未能到，子午逢迎一音開，
宅中小有不安貌，家人盼望早歸來。

白話註解（大過）：占家信，家裡有一段時間沒聯絡了，最近總覺得悶悶的，那就應該主動聯絡，不過又老是聯絡不上；等到子午日就能夠有消息。家中有點事情令家裡的人不安心，希望你能快點回家。找個時間回家看看家人，解除家人的不安吧。

六二六：買貨占之莫能成，應逢衝突爭執生，
兄弟劫世事難遂，如在春冬難占先。

白話註解（困）：占買貨，有產生爭執的卦象，此卦易有不順遂的象徵，因此無法成功。在春季與冬季容易搶不到貨，或是錯失良機。整體而言無法達成預定的交易。此時很容易做什麼事情都卡住，要懂得守成，才能防止衝突發生。

六二七：參政高考卦遇成，世應相生事無難，若臨秋夏多能順，如在春冬難有位。

白話註解（咸）：占參政、高考、中央選舉，有成全之象，能夠遂心願去參政，整體環境來說也頗順遂，應該不會遇到什麼困難。秋季夏季大多能夠更為順利，也能擁有眾多支持者如果在春季與冬季則容易被競爭者擠下來。順利進入之後請謹言慎行。

六二八：鬼爻臨應喜相生，謀職求官必稱心，夏季春時隨君意，秋冬略略欠如心。

白話註解（萃）：占謀官、謀職，得意順利的徵兆，能夠被提拔並扶助，在官場上也能夠過得不錯，有足夠的後盾存在，就不必擔心別的事情了。春季與夏季更是一帆風順，秋季與冬季相比起來就比較沒那麼萬事如意了。整體來說還是順利爬升的。

六三一：虛名虛利久沉沉，取討財物不得遂，
癡心指望圖前進，時來運轉鐵成金。

白話註解（大有）：取討、討債，沒有辦法順遂。除了取討財物不能達成之外，當事人太執著於紅塵的虛幻名利才是個大問題。人有上進心是好事情，但是太過執著到了除了財與名就什麼都看不見，同樣無法帶來任何好處。等待時機，自然廢鐵變成金。

六三二：焦急匆匆卜就醫，應來生世不須疑，
持身福德醫常致，必遇良醫能癒好。

白話註解（睽）：占就醫，此卦代表能夠找到良好及具有醫德的醫生，過去常常有亂投醫的事情，致使無法對症下藥，白忙一場。現在這位醫生很清楚您目前的狀況，不用焦急，焦急才真的會急出病來，安心交給醫生吧，如此才是正確的。

六三三：離宮太旺太陰明，晴雨而今眼見晴，
若是久晴還有雨，時逢甲子雨又晴。

白話註解（離）：占晴雨、氣象、天氣，如果前些日子不是天天大太陽，那麼欲占卜的那一天會得到一個大晴天；如果最近天氣很熱，已經很久都沒有下雨的話，所欲占卜的那一天就能夠下點雨，如果當天是甲子日則晴時多雲偶陣雨。

六三四：十年寄跡在寒窗，今日文章射斗光，
國考占之多遂意，此番斷許姓名揚。

白話註解（噬嗑）：占國家考試，若讀了好幾年終於開始有結果了，總算證明之前的努力沒有白費。這次的國家考試不論想考的是什麼，對你而言都能夠順利考上。這一卦的結果是憑著自己的意志與努力而來的，可別因為卜到這個卦就不念了啊。

六三五：考試進學弟兄興，絕好文章見不明，
一任細思空德義，此運不利枉勞心。

白話註解（鼎）：占升學考試，這回與你程度相同的競爭者太多了，你的分數無法在相同等級的競爭者中脫穎出來，升學考試對此時的你有難度，小心太過輕敵，試題會比你想像還要困難，不過考試也是需要運氣的，此次運氣不站在你這邊，請再努力。

六三六：招選女婿得乾爻，福祿妻財兩見交，
未濟之中終有濟，晚年得靠此為高。

白話註解（未濟）：占女方選女婿，能夠得意順利，且能夠得到預期以上的好處，不論是和樂的家庭或是經濟上的寬裕，這個卦都顯示了能夠帶來如此的吉兆。而且子孫會孝順，問卜者晚年可以毫無憂慮地讓子孫奉待，是很良好的結果。

六三七：鬼爻無位不為佳，學業占之未足誇，若要讀書須命湊，財源方許擁烏紗。

白話註解（旅）：占念書、進修、就學，表示困難多，考運不算好，需要苦讀才能帶來期望中的結果，而且是真正的拼了命的去讀，才有機會為當事人帶來一些好處。若要藉由讀書來發揮，也必須有先天命何不看開一點，轉換跑道在自己擅長的方面呢？

六三八：近期勞苦皆是命，數年勞困總有天，謀而不遂休生怨，再過三春福祿全。

白話註解（晉）：占命運、近期運勢會靠著苦力過生活，且收入處於有些吃緊的狀態，不過這些事情總是會過去，若因此怨天尤人，恐怕要連後續的福份都要跑掉了。放寬心，不出多久，自然運勢可說是雨過天晴，會有不同的出路。

六四一：失物失財不須焦，財去財來命裡招，
寅卯亥子清見到，一輪明月照兩郊。

白話註解（大壯）：占失物，宇宙萬物的定則是有生有滅，有時東西只是時間到了，不屬於自己的，於是自然地就從我們手上溜走，強求也是沒有用的。不過這個卦所卜的東西還會回到手上，寅卯亥子日，適逢明月高照14、15、16日，就能找到線索。

六四二：一技才能事志真，手藝做得能遂心，
春夏兩季只平平，秋冬換來豐收多。

白話註解（歸妹）：占手藝，這個卦表示你對自己的工作非常有責任感，因此你會把自己所能做的東西做到最好，以如此的態度來經營手工藝當然受到客人的歡迎，因此適合以此為職業。春季與夏季只有普通收入，不過秋季與冬季則能得到豐沛的資源。

六四三：少年不足逞心機，不覺風景有餘寧，
若問壽年多少數，花甲之春方可期。

白話註解（豐）：占壽元，年少的時候想太多，想要的太多，得到的卻是不成正比，整天怨天尤人，年紀輕輕徒留一堆遺憾。不如看開一點，什麼事情都有其機會與定數，不要太去想，放寬心才得以長命百歲。所占出的結果還可以有六十年，或到甲子年。

六四四：解人占現兩重爻，爻卦須記有功勞，
幸得貴人來助力，災非見過保安寧。

白話註解（震）：占保護、快遞、押犯人，明明不是經過什麼大風大浪，這次卻驚險地躲過一劫，這全都是因為有貴人幫助阿。雖然說能夠安全到達也是有功勞，不過不要忘記感恩這次幫助到的有形與無形界中的神明或人。整體來說是驚險地安全過關。

六四五：數占家宅最為高，興旺妻財喜見饒，小晦有些無大害，夏秋還有大財招。

白話註解（恒）：占家事，這卦代表整個家庭平安無事，並且正興旺呢，夏季與秋季有大筆錢會進帳。當然，每個家庭難免會有些小爭執，不過幾乎都是當天和解的小事情，完全不足掛齒。卦中沒有顯示任何災難的象徵，因此可以安心。

六四六：人丁走失相先天，兩相無情難再連，命運蹇時休妄想，百凡通達不須言。

白話註解（解）：占走失，問卜者與這個人的緣份差不多就到這邊了，此時切莫再強求，尤其是目前運勢正不順的時候，怎麼叫人家再跟你吃苦呢？你也很清楚遲早事情會變成這樣，實在沒有需要再來占問解卦了，答案都在你自己心中。

六四七：合夥經營此卦宜，不須疑問聽凡心，春秋兩季財源穩，出入謀為百事宜。

白話註解（小過）：占合夥，這個卦表示順利，因此能夠聽從自己的直覺去做沒有關係，而且你本身也擁有足夠的判斷力，何須再來求神問卜？春季與秋季的財務收入比較穩定，如果有什麼計畫需要動到錢的，在這兩個季節最適宜。

六四八：行人來訪信音稀，財破文章事混亂，巳亥庚辛方有信，滿門財喜稱心懷。

白話註解（豫）：占來訪，卦中的象表示很多相關事務陷膠著良的狀況，導致該來的人還沒來，不過也只是步驟亂掉而已，不會造成什麼大礙。巳亥庚辛日能夠接到消息，到時人來了，該做的事情終於明朗起來，也將能帶來更多的利益。

六五一：六爻五鬼病難安，父母占之不安多，待到庚辛方漸緩，費心調理得安痊。

白話註解（小畜）：占父母親病，這個卦表示父母親的病症不複雜，只是仍然帶有些不安，庚辛日開始有所改善，即使痊癒之後，仍然需要細心地調理才能確保健康。細心調理不是只多買補品給父母吃就可以了，要抽點時間陪父母親去走走吧。

六五二：君因目下病擔憂，官鬼重重不必求，寅午戌交方漸退，神前祈保可無愁。

白話註解（中孚）：占健康，只是短期的病症，並不會太嚴重，也不必過於擔憂，寅午戌日開始症狀會減輕，若懂得對神明祈禱並感謝，也能夠讓症狀更快速痊癒。同時不要忽略平常的運動及身體健康檢查，除了拜神明外也不要忘記自己本身的保健。

六五三：遷移移居不可移，高低不見移無益，還應安舊休勞碌，待到秋來得便宜。

白話註解（家人）：占遷移，目前所欲遷移的地點與現在所處的地點沒有太大的優劣變化，搬了也不會有好處，既然如此，不如待在自己熟悉的地方來得安全且安定。需要等待直到秋季，能夠看到更好的遷移地點，目前先不要妄動。

六五四：孩兒有病不須驚，應下援身喜氣臨，良藥能驅風小症，三頭四日即安寧。

白話註解（益）：占子女生病，不用驚慌，有周遭的喜神在身邊幫助，狀況不會有任何大礙，只需記得按時服藥即可。所服的藥正是適合此病症的藥，便能簡單地醫治這些小症狀。現在藥局裡面都有藥劑師，也能直接詢問專業人員。

六五五：會商談判可如何，官鬼星明印位多，
雖是綿綿難成聚，如逢子午得周全。

白話註解（巽）：占會商、接洽、談判，不容易將與會人員全部聚在一起，雖然彼此感情還不錯，但是彼此的時間卻難以完美配合，每個都是大忙人。到了子午日較能夠聚集起所有的人。整體來說欲商量的事情能夠成功並順利進行。

六五六：買屋房產無不妥，文書官鬼兩相和，
移家之後財源旺，二十餘年積聚多。

白話註解（渙）：占房產、買屋，不管在房地契約或官方的手續方面都可以輕鬆完成，搬到這個房子之後能夠為屋子裡的人帶來豐富的財源；房子本身沒問題，環境非常宜人，能夠住很久，並且能夠為家裡的人保守財物，建議此房產適宜搬進去住。

六五七：謀事計畫問如何，官鬼臨應受折磨，
卦內妻財全不見，時來方唱樂欣歌。

白話註解（漸）：占計畫、謀事、求職，這個計畫無法順利執行，因為有各種因素出現，不只是無法順利而已，還表示麻煩事情會接二連三地到來。並且這個計畫也無法帶來任何的利益。並不是說這個計畫本身不好，而是需要等待時機到來。

六五八：父母持世家團圓，分家分產事不全，
三載一過福祿至，兄弟分財亦如願。

白話註解（觀）：占分家，目前所有主導權還在父母手裏，現在完全無法進行分家。再過三年，分家之事才能夠開始進行。這事是急不得的，趁老人家還在世好好侍奉，或許沒有比這個更要緊的事情了。剩下的還是聽天由命吧。

六六一：收解錢糧來卜吉，運輸運貨沒虛驚，
幸君人事多般遂，利息平平得太平。

白話註解（需）：占運貨、運輸、米糧生意，是一個吉祥的卦，表示運貨能夠平安順利，雖然得到的利益並不多，但是人與東西都能夠平安抵達。這也是因為當事人的交際手腕好、人脈廣，所以能夠得到許多人的幫忙而順利，心存感激吧。

六六二：領文簽約至先難，不破文書心不安，
要忌小人多阻隔，必須破費得周全。

白話註解（節）：占簽約、領文憑，有小人從中作祟而難以成功，總是會有出其不意的妨礙，非常麻煩，有可能需要花費一筆金錢才能夠解決；有時該讓他破費的也要捨得，事情能夠辦好比較要緊，如果能夠花錢消災，只要麻煩沒了，也是值得的。

六六三：銷售脫貨恐遲遲，財破文書事少緣，小人暗算多災厄，財去能得事周全。

白話註解（既濟）：占賣貨，這筆貨想要賣出肯定會拖延很久，事情很多，而且卦象中顯示彼此的緣份不深，事情因此難以順利，而且有人在中間搬弄是非，整體事情充滿了各種麻煩，卦象中有需要用錢去打通的跡象，如此一來可讓事情順利進行。

六六四：世剋逢凶卦未知，欲知訴辯要防輸，稍為計施緩待客，待到庚申意自舒。

白話註解（屯）：占被告澄清，這個卦偏向不能夠順利進行，不過需要略施小技，而一些細節需要跟自己的律師討論，或者您自己已經心裡有底了。事情沒有很複雜，整件事情不急可以慢慢來，最後等到庚申日可以訴清冤情而勝訴。

六六五：財爻持世喜相投，見貴面試樂事憂，福祿重重無破綻，更逢春水漾春波。

白話註解（井）：占面試、見貴，有很好的象徵出現，因此能夠毫無後顧之憂地行動，不需顧慮太多其他的事情，當事者有足夠的財運與福氣，因此不管升學考的面試，或是想要應徵大公司的面試都能夠順利，如果在春天更是喜氣倍增。

六六六：起造蓋屋事能諧，世爻無破任君為，田園六畜多興旺，任意作為不必疑。

白話註解（坎）：占起造、蓋屋、建造廠房，不論想要做成什麼樣的格局都可以，能夠隨心所欲，所造之處適合各行各業，經營的生意能夠多賺錢，公司或家庭人員也多能健健康康，只管安心進行即可，想得太多也只是浪費時間，好事別多磨。

六六七：養殖春蠶隨心到，內爻興旺得千金，其中官鬼沒防損，作福祈神使得真。

白話註解（蹇）：占養殖、春蠶，能夠順利成功，且能因此獲得不少收益，只是其中有些不定要素出現，需要小心天候、盜賊之類的事件，但應不會造成巨大損失。除了自己應該做的小心防範之外，亦能夠祈求神明的保佑，盡人事之後就是聽天命了。

六六八：生意經商未見誇，鬼爻持世紕漏生，謹慎斟酌不可少，只待來春方可佳。

白話註解（比）：占生意、經商，容易有差錯會發生，人禍或是天災有出現的徵兆，必須小心謹慎地行動，只要多加小心，必定能夠減少損失的機會。捱過來年春天即可脫離緊繃的情緒，開始能夠順利地做生意，並獲得好的利潤。

六七一：鬼爻持世卦為奇，開店占之事不宜，卦內福神全不見，財爻無氣枉心機。

白話註解（大畜）：占開店，這個卦象正好是齟齬多生的象，這樣的卦象要問開店是非常不適宜的，而且卦裡頭完全沒有任何代表吉祥的徵兆，也沒有任何帶來錢財的財氣，這代表了如此空虛的情形開店是不可為的，到頭來也只是白忙一場。

六七二：君占風水並無憂，龍虎相迎合巽乾，山向有情兼大利，子孫永保福綿長。

白話註解（損）：占墳墓、風水，不管是問正在選擇的祖先墓地，或者是很久之前的祖先墳墓，這個卦都表示墳墓的風水沒有任何問題，可以不用去介意這個問題。除了風水迎合之外，也能給子孫帶來健康與各種福利，因此不需要去擔憂墳墓的問題。

六七三：卦占求財欲解疑，兩人合意自相宜，亥子丑臨方可旺，一人主事有差遲。

白話註解（賁）：占求財，如果只有一個人去做，不管是生意或是求職甚至是簽彩券都一樣，只靠一個人一雙手的力量是不夠的，無法突顯實力。應該找一個志同道合的伴一起進行，兩個人務必想法相近。時逢亥子丑月或日，能夠更得到更旺的財氣。

六七四：財臨世位有稀奇，賭博手氣事最宜，如遇秋冬防未穩，若逢春夏自能期。

白話註解（頤）：占賭博、手氣，得到了一個很奇特的卦象，這是對於一個賭局來說非常有利的卦，能夠賺進想要的數目，尤其是在春季與夏季更是如魚得水；秋季與冬季則必須提防，贏得多輸得也多。賭博終究是不好的習慣，少碰為妙。

六七五：六爻安靜最吉昌，借取銀錢要著方，
春夏占之尚可求，如過秋冬難濟急。

白話註解（蠱）：占借款，能夠順利借取需要的款項，只是要小心注意還款的信用問題，千萬別往地下錢莊或其他不可靠的地方去，方法錯了即使是一個好卦都無法保全，建議在春季與夏季完成此事；秋季與冬季恐怕會來不及。

六七六：回鄉占此卜為疑，我剋他人阻有誰，
福德財爻俱上卦，路途平坦少憂疑。

白話註解（蒙）：占回鄉，這個卦能夠暢行無阻，因為是自己這一邊佔上風，因此不論交通問題還是人身安全問題，全部沒有任何一個能夠造成阻礙的。卦中有相當的福份，甚至口袋飽飽帶有財氣回鄉，也將可順利安全地回鄉。

六七七：交易來占問價錢，妻財福德兩能全，
欲求畜養能興旺，生物相宜事有緣。

白話註解（艮）：占養寵，沒有問題，錢的方面與其他都籌備齊全，且你所選定的動物與你有相當濃厚的緣份，這種情況養寵物必定是再好不過。要是還沒一個主意的話，可以去動物收容所，不用花多少錢，通常都能挑選到您喜愛的寵物。

六七八：子孫持世旺財源，放帳放款利息多，
如遇春夏猶難就，若到秋冬保得成。

白話註解（剝）：占放帳、放款，這一個卦表示整體全在自己掌控之中，借出去的錢不會跑掉，而且能夠收到該有的利息，而也會為你帶來足夠的進帳。春季與夏季較不適合，將有節外生枝之事情發生，秋季與冬季則能確保事情成功順利。

六八一：和事和解喜遂情，兩人公道相安好，私和不若官和好，勉強和之無利益

白話註解（泰）：占和解，能夠順利和解，歡喜落幕。不過這得需要彼此都站在相同的地位與立場才行，因此非常不適合私下和解，無憑無據的，容易令人心不服，盡量再公開有第三者證明的場合下和解才能順利。另外千萬不可以勉強，免得後續有問題。

六八二：買賣難逢買賣人，欲占交易不如情，財旺重重若無缺，將來必定有歸完。

白話註解（臨）：占交易，短期間內不容易順利進行，這次的買賣行情很微妙，不管要買還是賣都不容易找到能夠交易的對象，但是有錢財豐富的跡象，也就是說問卜者其實目前是不缺錢的，這筆交易可以等過些日子再說吧。

六八三：此數熒熒官鬼明，君占此卦問陞遷，秋初夏末多權印，進祿加官可稱心。

白話註解（明夷）：占陞遷，這個卦能夠順利陞遷，在這有權、有錢的職場能得到此卦真是天助我也，尤其到了秋天初到夏季末，當事者的權力象徵特別旺盛，此時必定能夠有所進展。這裡的權力象徵很強，記得權力不可濫用。

六八四：娶討外情未可期，應逢隔角有憂疑，若要勉強硬成就，將來是非吃不消。

白話註解（復）：占外面感情，這個卦表示這份外面的感情是短暫的，彼此還沒那麼投緣，不要如此快速決定比較好。好好看清楚自己與對方的相處模式，好好確認彼此的需要。勉強在一起，日後恐怕緣薄了，會產生許多口角，而且引來家庭的大風波。

六八五：世應比和且放心，尋人端許得相親，
寅申巳亥應宜獲，管取人財返家庭。

白話註解（升）：占尋人，有很不錯的卦象，人沒事，能夠平安地找到，不用擔心其人的安危，只要靜靜地等待好結果，有人能夠前來幫忙尋找，可以不必親自動身。寅申巳亥可以找到人，準備迎接久違的人回家即可。

六八六：求婚占之不為宜，官鬼重重有是非，
若是重婚加外後，刑傷見過任君為。

白話註解（師）：占婚姻，這場婚姻本身不具有正當性，惹來相當多的閒言閒語之外，還有道義上的立場也站不住腳，現代法律上也無法允許重婚，或者第三者。如果不早點放棄，日後吃官司給賠償金都是免不了的，而且還會多個傷心人。

六八七：地山謙卦鬼門臨，納監求官欲如意，夏季收成秋未可，秋冬貴助喜成名。

白話註解（謙）：占普考、地方選舉、送禮，如果希望事情順利，並且所求的事情能夠如願的話，最好能夠在秋季與冬季去拜訪想要拜訪的人，他將成為您的貴人，也能得以所求，但能夠真正如願的時候在夏季；另外秋季不適合執行此選舉、普考事宜。

六八八：世應相沖卦未寧，妻宮子育有虛驚，時逢寅卯災星脫，保得母身子無驚。

白話註解（坤）：占生產，在懷孕期間與生產過程中會有些小狀況，總是令人無法放心，但是只要到了寅卯日或時，這個帶來麻煩的災星就會離開，母子還是能夠平安無事的。當然也要按時到醫院做定期檢查與聽從醫師的建言。

七一一：從富須從儉上來，跟官舉薦亦無災，世高應下財星旺，管取他年得利歸。

白話註解（乾）：占舉薦、當公務員，想要有錢的話還別忘記要先節儉才是，不過依著他人的舉薦去得到一個職位也不壞，只要懂得在自己該待的地方，好好地安份守己，自然就能平安順利，如此將會有不錯的財運，往往更能夠擁有一筆可觀的積蓄。

七一二：文書臨應可求官，秋冬謀得始有安，只恐夏春多有阻，時至可許兩相安。

白話註解（履）：占謀官、謀職，文件上以及整個程序上都處理良好，想謀個一官半職沒有問題，建議在秋冬進行此事，以得到安定穩固的地位；春季與夏季將會遇到攔阻，不過時間一過，位子坐穩了，也什麼都平順了，自然能順利不必擔憂。

七一三：君占家內信如何，官鬼文書音信無，秋季之中猶可望，春淹夏滯恐全無。

白話註解（同人）：占家信，目前家裡沒有辦法連絡上，可能是家裡人都在忙於生計，無法得到回音，卦象裡沒有顯示家裡有事情，因此可以不用煩惱。秋季能夠等到一些消息；春、夏季郵件會埋沒在信件堆裡，或者是卡在某個處理中心，遲遲無法收到。

七一四：納吏參政在此時，不須疑慮問高低，目今破耗休慳吝，恐過機緣不相宜。

白話註解（无妄）：占參政、高考、中央選舉，這是個一舉成名的好機會，不需要擔心自己的出身如何，也不要擔心未來的結果會怎樣。只是目前無法行動，麻煩多又浪費金錢。必須瞄準某個適當的時機點進入，否則如果拖太久時機又跑掉了。

七一五：父母持世子孫昌，聘用徵員未必良，夏忌間非多失脫，縱然要聘再商量。

白話註解（姤）：占聘用、徵員，這個卦不是一個好象徵，員工會爬到老闆的頭上去，如果是夏季進行的，還可能會有很多雜事與是非，且還有損失金錢的可能性。倘若還需要聘用的話，必須再多加想想，好好思考過之後再下決策。

七一六：告狀占之得順情，文書官鬼兩相臨，應來生世他生我，告狀終須理得知。

白話註解（訟）：占原告呈告狀，雖然應是對我方有利的情形，運氣也滿不錯，不過真正能夠贏這場官司的原因是擁有公理的是自己這一方，與運氣之類的無關，這點請不要忘記。最後呈告狀進行的結果能夠順利如願。

七一七：置貨占得貴人助，子孫持世不須忙，十分財利平安得，一任經營保久長。

白話註解（遯）：占買貨，此件事情本身能夠輕易掌控情況，因此不需要太過勞心勞力，能夠和緩平順地得到翻倍的金錢價值。這一回的交易，也能代表一個好的白手起家的徵象，日後能繼續穩定經營賺錢，並且有貴人幫助。

七一八：置田占之恐非宜，官鬼文書是非生，購前利益只平平，糧多差重總不平。

白話註解（否）：占置田、買土地，這塊土地的交易或產權方面有問題，日後會惹不少麻煩；土地本身也不是很優渥的土地，未來也不怎麼有漲價的機會，即使拿來耕作也只是塊貧瘠的土地，本身地點沒有開發的價值，基本上是沒有利益的。

七二一：子孫持世福星強，交易占之得商量，得力中人來助成，不順疑慮保無妨。

白話註解（夬）：占交易，有很旺盛的貴人，而且福星高照，交易能夠順利推展，有很多可討論商量的空間，並且有精通門路的貴人得以幫助。記得保持警戒，不要鬆懈，維持應該有的戒心，才能夠保障自己該獲得適當的利益。

七二二：兩重父母一重財，孕育占之實美哉，冬季生男夏產女，虛驚雖有不害傷。

白話註解（兌）：占生產，這個卦表示整個從懷胎到生產都充滿了平安喜樂，與父母相處得開心，全家人也都非常期待小孩的出生，是愉快和諧的象徵。雖然免不了小驚險，但是整體非常平安順利。占卦時為冬季生男孩，夏季可生女孩。

七二三：尋人路上喜相逢，世應相生最有功，岸畔水邊相聚會，人財兩見喜重重。

白話註解（革）：占尋人，只要願意去找，甚至說只要願意出門，就能夠找得到您想要找的人，這取決於彼此緣份還不錯，能夠互相尋找到彼此。關鍵地點是海岸與湖水邊，任何與水相關的地點都有可能碰面。除了能見面之外，還有額外的好事會發生。

七二四：普考納監少如心，世位逢凶不足論，遲遲成事莫空急，更防目下有虛驚。

白話註解（隨）：占普考、地方選舉送禮，目前你凡事沒那麼順遂，因此普考之事不會成功，但這種狀況也只是一時間而已，並不代表未來會持續如此，只是延誤到這次所決定之事而已，不過也別因此過於著急，小心把野心放太大而看不到眼前的陷阱。

七二五：第三戀情事如何，美貌青絲好嬌娥，更得明珠生貴子，要知造化得中和。

白話註解（大過）：占外面感情，能夠找到一個長相、個性都符合的夢中情人標準吧！雖然說不是大好特好，但也合乎自己的標準了，如此緣份也真是不錯。過了一年半載後很快就會得子，如此好的姻緣就要好好的去經營。

七二六：和事有阻無法遂，不須退步免虛驚，重重官鬼來相剋，必得官和照可成。

白話註解（困）：占和解，談和解並不能順我意，不過也不用委屈求全去將就對方，所以私下和解是不可以的事，因為私下和解沒有公信力，容易吃虧、上當，不能不防，只能以官方的形式來求得和解，只有這樣的方式，才能有行得通的一天。

七二七：求婚占此卦有應，世應相生福祿饒，
夫婦齊眉家計足，女多子少命能知。

白話註解（咸）：占婚姻，結婚後生活幸福美滿，有足夠的福氣與財氣在卦中，因此是一個婚姻圓滿的卦象；先生與太太彼此都各有各的工作，因此有更多的話題來增進彼此的感情，家庭經濟完全沒有問題。生的小孩女孩會比男孩多。

七二八：鬼爻臨應剋妻財，欲問陞遷事未隨，
休聽旁人說虛信，只宜守舊必然諧。

白話註解（萃）：占陞遷，總是遭受莫名的妨礙，人事方面的問題或其他突發性問題，導致陞遷總是無法順利。小心不要隨便去聽信身邊的小道消息，那些不正確的訊息無法真正幫助你。現在的你最好能夠守本份，做好自己應該做的工作。

七三一：君占疾病問神明，四肢難安節骨疼，家內福神並宅鬼，三牲俱獻定安寧。

白話註解（大有）：占健康，全多是關節痛、四肢肌肉疼痛等等，似乎是看了醫生後還是會再復發。家中有屬陽的福神，但是也有屬陰的兄弟們，恐怕是怠慢了他們吧。可以準備三牲祭拜，當然也可以用素果，只要誠心表達敬意即可。

七三二：此卦占來有不宜，分家惹來是非生，待到來春方起意，方保無虞有和美。

白話註解（睽）：占分家，現在提起這件事情等於是自找麻煩，會帶來各種的猜忌與不安，只有百害而無一利，千萬不適合貿然行事，免得招惹是非。只有等到春天，才是一個適合的好時機，到時候能夠平安無虞的順利解決此事情。

七三三：會事談判事纏綿，無奈星辰信不然，莫被小人將事算，破費財物又熬煎。

白話註解（離）：占會商、接洽、談判，這表示時間點在是不對的，整個會商捲進不少多餘的事情，只能變得亂七八糟，什麼事情都討論不成。有對此會議不服的人從中搗蛋，使得所有的事情都無法順利進展，最後只是浪費金錢又浪費心力而已。

七三四：計畫謀事卦心懷，西北星辰作禍災，只請親友驅逐去，貴人得喜不為難。

白話註解（噬嗑）：占計畫、求職，象徵災禍的星降臨了，這樣一來事情當然不順遂。可以讓親朋好友都進來參與這個計畫中，多聽聽別人意見，那麼事情可以自然順利地避開災禍。對你來說，要找到這些貴人並不是困難的事情。

七三五：誠心占卜問因由，孩兒喜事不必憂，
官勞鬼爻須禱告，身康體健不須愁。

白話註解（鼎）：占子女生病，小孩子現在生病了，不過不要緊，這個小孩有喜神在照看著，因此不會生什麼嚴重的大病，如果這樣說還是無法安心，向著信仰的神明祈求吧，只要有足夠的誠意與敬意，自然就能夠讓小孩恢復健康。

七三六：子占父母病纏綿，只為星辰降瓦紀，
還要破財並保佑，請醫服藥自然安。

白話註解（未濟）：占父母親病，這病情屬於難以根治的慢性病，需要長期就醫與服藥，因此破財是絕對少不了的，不過為了父母親身體的安寧，這點花費也是必須。記得多與醫師溝通，了解病情，還要定時服藥，老人家容易忘記吃藥，請務必記得提醒。

七三七：房地房產是佳房，遷入人畜皆吉祥，選擇良辰並吉日，親鄰樽酒賀新房。

白話註解（旅）：占買屋、房產，買到的房屋品質優良，周邊環境也非常怡人，是很適合居住一家人的好房子，應該快點選一個良辰吉日馬上搬進去住，很多事情都能夠順利起來。別忘記搬進去的時候應該大開家門宴客，讓這間房子多人踏進去增加旺氣。

七三八：來占家宅欲移居，擇取良辰吉日時，安富增榮多吉利，丁旺福祿定為宜。

白話註解（晉）：占移居、遷移，隨自己的心境，選擇木火旺的良辰吉日就能夠搬家，可以完全照著自己的意思去做就可以了，沒有需要任何的顧慮。畢竟卦象多得是安康與財富，人丁旺、福祿佳，倍增的榮華與吉利，只管隨心所欲去執行搬遷即可。

七四一：卦占塚墓事如何，山向東西乃可過，靠近山林多擇穴，兒孫後代中高科。

白話註解（大壯）：占墳墓，面相東西方向的山坡地是可以選擇的地點，並且要有林木之護衛，才是來龍有利的穴場。擇了這個墓地，子孫世世代代會持續考取不錯的功名。更重要的是三大節要定時的誠心與祭拜、慎終追遠，才能永久得到祖墳之福蔭綿綿。

七四二：放帳放款問卜來，卦爻世應可生財，如逢夏春平平過，秋末冬初有利歸。

白話註解（歸妹）：占放帳、放款，時機點不錯，此卦顯示是可行的。在這個時候借錢出去是有利可得的，可以靠著利息賺取不少錢財。秋季末到冬季初這段時間借出去的錢能夠賺得不少利息，而春季與夏季借出去的，相比起來就沒那麼好的利潤。

七四三：財爻上卦最為高，借取錢財乃必疑，
君在秋冬多不足，如逢春夏兩相宜。

白話註解（豐）：占借款，這是個不錯的卦象，表示可以借取到所需要的金額。金錢管理的方面請認真學習規畫，否則仍然會因為缺乏金錢管理的知識而缺錢。秋季與冬季雖然能夠借到錢，但是怎麼借都不夠用；春季與夏季則較容易正常收支。

七四四：寵物六畜喜臨門，牛馬豬羊利稱心，
好命年年添小犢，耕疇微利有虛驚。

白話註解（震）：占養寵、畜養家禽，能夠順利地飼養任何動物，不管是蟲魚鳥獸或是牛羊豬狗統統都沒有問題，當初想要養寵物的理由全部能夠滿足無虞。如果願意的話，也能夠讓寵物繼續繁殖，不過若是養來營利的話小心有點風險。

七四五：恒卦財臨世位來，賭錢逢此實覲哉，春間利息平平過，夏季秋時滿取財。

白話註解（恒）：占賭博、手氣，賭運不錯，不用擔心會輸錢。春天時節只能打平，夏季與秋季可以贏比較多錢。不過此卦有明顯的表示贏錢只有短暫的時機，即使說賭運平順，也切忌一賭再賭，免得最後人財兩空，還是不要以賭來營利吧！

七四六：君占開店許君開，接入迎門笑物懷，貨物緩緩多得意，南北東西廣招財。

白話註解（解）：占開店，可順利地開張並用和藹的笑容來迎接客人吧，這個卦占開店是非常好的，表示店面能夠平順開張，而且客人滿座，不只是附近的人會光顧而已，還能吸收到很多遠方聞名而來的客人，貨物也不會有問題，真是南北東西廣招財。

七四七：世應比和卦甚奇，回鄉此卦無憂慮，家中役戶差徭重，凡事藏機少是非。

白話註解（小過）：占回鄉，沒有任何安全上的掛慮，途中平安無事且順利。但是此卦的問題並不在路途上，而是回家後才開始。回到家中記得少說不該說的事情，禍從口出，家裡人太多，小心流言蜚語會到處亂傳，少開口為好，可減少不必要的是非。

七四八：求財卜卦喜生財，任往東西不必猜，若是本微求利益，管教白子得將來。

白話註解（豫）：占求財，能夠利用多少管道就去利用多少管道，不管哪個方式對你來說都是有利的，能夠順利獲得想要的財富。甚至白手起家去做些生意也可以，有很多求財的方式，甚至連本金都不用拿出很多，同樣能夠順利求財。

七五一：一技喜見兩重財，手藝占之利可圖，偏偏兄弟又多現，大財難見小財來。

白話註解（小畜）：占手藝、一技之長，有許多的財氣，代表如果靠著手工藝來賺錢能夠獲得許多的財富，也表示你很適合往這個行業去走。只是目前的時機市場上競爭者太多，客人都被瓜分去了，所以短時間內沒有大筆收入，還是要等市場的趨勢。

七五二：行人來訪早與遲，卦內分明說與知，亥丑來臨方可到，隨身財帛自然期。

白話註解（中孚）：占來訪，亥丑日過之後才能見到人，當然如果是生意上的往來，人來的同時也可以期待隨之而來的豐富財氣。只要自己這方誠心誠意，其他的事情不必多掛心，一切只是庸人自擾而已，人是不會因為用想的就到。

七五三：家事家宅最為先，老者安之少者閒，
官鬼文書俱發達，福人將陰莫憂煎。

白話註解（家人）：占家事，家中年紀大的老人家身體健康安適；年輕人則能夠不必疲於奔命地為了三餐而四處奔波，大多從事公務員職業，以家庭狀況來說相當不錯；只是若說財運就普普通通了。無形中有貴人在保護整個家庭，因此都能夠非常安穩。

七五四：合夥經營應有財，財爻持世稱心懷，
夏秋兩季財源盛，若到春冬財更添。

白話註解（益）：占合夥，這是充滿財氣的卦象，想要詢問關於合夥做事業當然是很好又順利，彼此都能得到足夠的利潤。夏季與秋季財氣很旺盛，能夠賺到很多錢；但到了春季與冬季更是旺得不得了，如此豐盛的合夥關係值得一試。

七五五：押犯快遞苦勞多，刑傷不見有憂心，往來路涉多方碌，僅得貴人遇貴來。

白話註解（巽）：占保護、快遞、押犯人，路途遙遠且需要繃緊神經，該有的辛苦少不了；雖然說沒有實際上的危險存在，不過心理上的疲勞卻很大。整個路線迂迴曲折，只有徒增心理壓力而已，途中雖然有貴人出現，不過也是快要到達目的地的時候了。

七五六：失財失物莫憂心，家賊難防緩緩尋，屢遇賊徒還怕失，時逢丑亥更防驚。

白話註解（渙）：占失物，東西會不見的原因是自家人的問題。雖然說是「家賊」不過這並不一定代表「小偷」，也有可能是家裡的寵物咬走了也是有可能，慢慢找就能夠找到，而且之後也會繼續不見東西，到了丑亥之日更要小心。

七五七：人丁走失急難尋，卯戌占親莫識音，
只在東南方上去，要知消息轉來春。

白話註解（漸）：占走失，雖然人不見了很著急，但是這一卦如果是在卯戌日占得，表示就連親朋好友都無法得知他的下落。短時間內不好找到，應該是往東南方去了，想要得知新的消息要到年春時才行，不斷搜索之餘只能等待再等待。

七五八：目下疾未通相連，官殺桑榆晚景榮，
若伏古稀添鶴算，潮消光耀方可終。

白話註解（觀）：占壽元，目前雖然有挫折，無法順利，做事情容易遇到阻礙，不過這也是短暫的，但是晚年可以過得很舒適，能夠享受舒服無憂的晚年生活。所以壽元長，能長命百歲，且一生中也曾會有成就非常輝煌的時候。

七六一：入住妻家未全美，隔角重逢有是非，女命重夫並壽促，必須別計再營為。

白話註解（需）：占入住妻家、入贅，這個對象不是很適合。兩個人本身個性不和之外，女方較為強勢也比較佔有地位，這點對男方來說會造成不小壓力，也會造成不必要的閒言閒語出現。必須好好慎重地重新考慮才行，婚前就要多觀察對方與其家庭。

七六二：夢寐占之未稱懷，家中小口要防災，是非口舌須謹慎，破費錢財轉福來。

白話註解（節）：占夢境，小心家中的小孩會有意外災害發生，需要特別謹慎小心；也要注意外頭的流言蜚語，有發生是非的象徵存在，注意口舌之災，說話之前多想想，避免禍從口出。這過程中需花一筆冤枉錢之後才能夠否極泰來。

七六三：店面住宿無憂慮，管取今年勝上春，賓主相投多福祿，定知要見大貴人。

白話註解（既濟）：占店面、住宿，今年找到的地點都是可行的，如果說能夠在農曆一月找到的，那更是最好的地點。在這個地點開店，會讓客人有舒適的感覺，店主人也能夠輕鬆地與客人融入，代表會帶來很多金錢，且有大客人能夠上門光顧。

七六四：君占求子此卦真，父母親娘剋子孫，要見芝蘭須積德，如無福祉子休論。

白話註解（屯）：占求子，這個卦表示不容易有小孩，記得當事人平時要行善積德，有足夠的德行累積才會有孩子。與現任的太太或先生目前不容易有小孩，應該說緣分的問題，也不能強求，但這也不能成為目前吵架的藉口，應該多檢視自己的行為。

七六五：口舌糾紛不足論，貴人必有喜相臨，虎頭蛇尾須當忌，可比空中一陣云。

白話註解（井）：占糾紛，這場糾紛不要再爭論下去了，繼續爭論的話是沒辦法有解決的，小心事情會無限地延燒下去，這樣對誰都不會有好處。要知道某些爭執該放手，不是叫你認輸跟退讓，是應該從這場惡質的遊戲中退場，將有貴人能夠前來幫助。

七六六：兄弟重重交上春，不如安分守田園，出行若問利和吉，破耗須防事不成。

白話註解（坎）：占出行，此出行只會跟很多人競爭而已，不論是出差或是出去做業務都沒有太大的意義，因為無法得到實質的收獲，不如在家先養精蓄銳，作好事前之準備，否則出門也只是給自己帶來金錢、肉體與精神上的消耗而已。

七六七：取魚短投一葉舟，此身去向北方流，
如今撐得灘頭到，尚有機緣在目前。

白話註解（蹇）：占短期投資，會得到很多與北方有關的訊息，或者也可以說所標得投資案跟北方有關連，而短期能獲利，公司也可有「北」字、或者是投資目標位於北方等等。需要撐過一段時間，才會看到另外的機會出現。

七六八：收成長投卦中平，只許收成半入門，
旱禾不及晚禾好，晴多雨少谷豐登。

白話註解（比）：占長期投資、秋收，這是一個收成普通的卦象，大概只有預期收入的一半左右，但這仍然是獲利的。與其想收回不如再耐心等些時間，如此時機到就有機會獲得更多，到時候能風調雨順、收成豐隆超過一半的獲利。

七七一：文章官鬼貴人多，簽約批文事可和，
進步自然少阻隔，見機而作笑呵呵。

白話註解（大畜）：占簽約、文憑、證書，順利平和地簽下適當的契約，並且不會因為有這只契約就拖累到自己這一方，且間接能夠發揮其應有的幫助力。也能夠藉此得到貴人的幫助。這個契約在現在簽訂的時機正確，將會對未來有所助益。

七七二：經商生意損卦爻，滿中求損最為高，
若用小費方遂意，申未時逢便可拋。

白話註解（損）：占生意，雖然有那個能力可以賺到錢，但在這裡的情況下，勸君不要一味着把鈔票往自己口袋放，記得該留一些給別人賺；還有適當的去消費，以讓金錢的流動得以形成，適合在申未時日給予員工獎勵，或是慷慨地些做公益。

七七三：見貴面試不如意，躊躇不得好功名，
縱然見面無些利，何必勞勞守此株。

白話註解（賁）：占面試，有很多各行各業的機關可以選擇，何必苦苦執著於這間公司或學校呢？即使能夠得到面試的機會，也沒有任何意義，因為無法得到面試官的欣賞。且當事人心意猶豫不決，這樣一來也沒有好的結果，最好還是另覓對象。

七七四：頤爻持世意隨願，春蠶養殖順意來，
何必多占空費力，十分財喜在門庭。

白話註解（頤）：占養殖，能夠得到良好的收益，是能夠隨心所欲的卦象，一切都能夠順心如意，其實已經可以不用來問卜了，現在眼前不就很多順心事了嗎？何必再來多猜疑，大筆財富就在自家門裡，只要放手去做就對了。

七七五：子孫官鬼怕相連，訴清須知望包收，
水火之時得至理，衙門無錢不必言。

白話註解（蠱）：占被告澄清，此回訴清難以順利，會遇到阻擾，事情沒有辦法如意成功。很多事情不是有道理就可以行得通的，世事總是無法盡如人願。此次的狀況需要破財，才能夠行事，如果沒有做好花一筆錢的心理準備，那就無法脫身了。

七七六：錢糧運送要遲遲，目下須知路難行，
春夏千金多遂意，秋冬只恐要遲遲。

白話註解（蒙）：占運貨、運輸、米糧生意，路途又長又遙遠，而且難行之處頗多，因此會延遲好一段時間，而且容易中途卡住。春季與夏季雖然一樣會延遲，但是這時的延遲就不嚴重，當然能夠賺進不少錢財；秋季與冬季則行程會更為延遲。

七七七：起造房廠無需忙，存神用意快商量，六爻安靜財雖旺，必取平安並久長。

白話註解（艮）：占起造、建造、房宅、廠房，只要與土地神好好商量就能夠順利起造，或者與其他有關神明也可以，誠心敬拜並表明想要做什麼；如此可以不費吹灰之力便順利起造。沒有擔憂的卦象，而且財氣也旺，入住後定能夠平平安安且永久使用。

七七八：財爻重重剋文書，脫貨銷售要三思，欲脫還請稍緩遲，庚辛亥子可謀之。

白話註解（剝）：占賣貨、銷售，雖然有足夠的財氣在卦中，不過對此契約及約定類的文書有負面的影響，因此目前賣貨未必是非常好的，應該要再多考慮，看看事情中有沒有什麼不好的因素。庚辛日與亥子日才適合做售出的決定。

七八一：求醫治病不愁凶，福德臨醫定有功，
交冬即可享安康，好將禮物謝郎中。

白話註解（泰）：占就醫，有福德星降臨，表示事情能夠順利無礙地進展，因此不需要任何的擔心，不會讓你找錯醫生的。乖乖看醫生，並遵從醫師指示服藥及復健，直到冬至就可以痊癒。記得準備一點禮物，以答謝醫生的悉心診治。

七八二：命運占之實美哉，否極必定得泰來，
謀為數載久未遂，今歲秋冬財迎來。

白話註解（臨）：占命運、近期運勢，你至今為止已經吃了許多苦，但是不用擔心，「天公疼憨人」，一路走來的努力一定會有回報的，而那個時機將要到來。在今年的秋季與冬季，長久以來的願望與期許將一一實現，由此開始將會一帆風順。

七八三：鬼爻持世破文書，入學考試恐不如，
秋夏二季能待望，春冬只得遲遲盼。

白話註解（明夷）：占升學、考試，恐怕不能如願，因為考運不是很好，此卦象徵在這次考試容易遇到問題，例如：考題總是超出自己準備的範圍，這種時候並非苦讀即可彌補的。春季與冬季必須等待時機，夏季與秋季則可以一拼。

七八四：君占進修問功名，隔角重重總不如，
雖是文章成錦繡，也還是個白衣儒。

白話註解（復）：占念書、就學，出現莫名其妙的問題，好像整個環境都在跟你做對一樣，凡事都沒有辦法順利如意。很容易遇到不如意的事情，即使非常地有才能，也在某種領域擁有菁英的實力，也總是運氣不好的關係而難以在學校中有輝煌的成就。

七八五：科舉國考成名揚，無需再問高與低，鹿鳴宴上呼先進，衣紫腰金福祿全。

白話註解（升）：占國考，這個時候如果卜到這個卦，不用再多想多問了，直接放鞭炮慶祝吧。這個卦告訴你確實順利地考上了，且前途光明，能夠不斷晉升，並且得到非常多的錢財，可以開始準備宴席，請親朋好友鄰居了。

七八六：應高父母喜相逢，取討財物目下過，還須託人方可遂，途中休聽小人言。

白話註解（師）：占取討、討債，即使要討的東西就近在眼前，仍然無法直接順利取得，必須透過與其關係良好的人、才能討回。同時小心中途可能會有小人饞言，千萬不可隨意聽信，以免後患無窮，賠了夫人又折兵。

七八七：女婿選擇卦甚宜，子孫持世有扶持，謙平受益生利祿，親者為媒不必疑。

白話註解（謙）：占女方選女婿，很好，這個女婿會是令人滿意的好女婿，如果是親近的人來說媒的話更是再好不過了。此舉能夠為家庭帶來相當良好的利益，而且兒孫滿堂，也能持續地帶進財運與官祿運，可以安心進行不需要多想。

七八八：卦占久雨問晴天，雨怕雲行頃刻間，欲問天晴晴不久，沛然一陣又連纏。

白話註解（坤）：占晴雨、氣象，下了許久的雨而想要詢問何時放晴時，表示還是很多雨量，但是偶爾會放晴，雲跑得很快，因此是乎晴乎雨的狀況，不過這種乎晴乎雨也不會持續很久，過一陣子之後就又變成連續的雨天了。

八一一：卦占孕育有虛驚，男在冬兮女在春，
申亥日辰方遇吉，不須疑慮苦憂心。

白話註解（乾）：占生產，這個卦表示生產過程還算安全，不會有大問題發生，如果生產當天剛好遇到申亥日或生產時辰為申亥時，則可以完全不用擔憂，母子都能夠平安健康。此卦如果是在冬天卜出則為男孩，春天卜出則為女孩。

八一二：子孫持世無憂慮，卦問陞遷得如意，
寅午戌兼巳酉丑，文書發動有佳音。

白話註解（履）：占陞遷，這是個能夠如意陞遷的卦，可以順利無虞地升上想要的地位，夏季與秋季之交有陞遷的運氣到來的象徵，能夠得到陞遷的消息。其他的可以不用煩惱，該做的努力已經做了，只需要時間的等待。

八一三：外情無能隨心意，內外平和終得成，水金兩命為全美，餘命遭逢恐不寧。

白話註解（同人）：占婚外感情，恐怕不能夠照著您心裡所希望的安排走，目前不完美，恐怕之後家庭內外會有一連串的不愉快產生。除非能夠內外都確認彼此的心意，讓彼此從裡到外都有適當的了解，才能讓這一段感情得以持久。

八一四：求婚占得此卦美，束帛妻財兩事強，管取齊眉多福壽，並產兒孫衣錦郎。

白話註解（无妄）：占婚姻，這個卦表示恭喜有了一樁好婚事，這樁婚事順利成功的話，能夠與另一半相處愉快，兩人的財運加起來也頗豐富，在一起也能夠為彼此帶來實質上的好處。相處得愉快自然能夠快樂又幸福，想要孩子的話也可以如願。

八一五：納監普考往帝都，不如安命莫奔波，
寅年午歲官星旺，財多喜氣耀門庭。

白話註解（姤）：占送禮、普考、地方選舉，為了這次的事情而大老遠跑去拜訪人家，卻因為時機錯開而無法順利完成；既然如此，就省省力氣吧！要等到正確的時機才能達成真正目的。就在虎年或馬年都是很適合的時機，到時即能光耀門眉了。

八一六：交易卜得此卦爻，應來生世許成交，
即使利息僅平平，脫貨求財做這遭。

白話註解（訟）：占交易，得到這個卦表示能夠成交，順利沒有阻礙，雖然卦象中沒有很豐富的錢財在裡面，但是能夠賺到水平的利潤也是很好的。況且這次交易能夠為你帶來一些學習與經驗，當然還是要完成他，即能順利了。

八一七：兩重官鬼兩相凶，和事和解事不和，縱得和來終欠理，兩平均得要心公。

白話註解（遯）：占和解，兩邊都沒有退讓的意思，雙方堅持己見，膠著非常久，而且已經變成險惡的關係，因此不容易施行。即使勉強達成和解了，雙方還是會覺得自己吃虧，這樣反而不好；若真心欲和解，必須要有一位有公信力的公正人士。

八一八：尋人不必苦躊躇，應位逢財必自知，丑未戌辰消息到，旁言旁語總成虛。

白話註解（否）：占尋人，不用總是感到猶豫，當事人不知為了什麼，對於找人這件事情感到裹足不前。其實這個卦已經有顯示，要找的人在哪裡當事人自己心裡有底了，逢丑未戌辰等干支的時間會得到消息，請不要再聽信旁人的流言了。

八二一：近期運勢卜如何，眼前造化正豐盈，六爻安靜星辰旺，官鬼無傷福壽增。

白話註解（夬）：占命運、近期運勢，現在你的人生不也過得挺豐富又愉快嗎？這就是最好的證明，你的一生命運非常順遂，沒有什麼太大太明顯的阻饒，而且近期運勢有象徵吉祥的福星照耀，沒有其他不良的傷害，未來也能夠享得多福長壽。

八二二：金龍生水雨淋淋，欲問天晴天不晴，若要晴時寅午戌，晴多雨少數分明。

白架註解（兌）：占晴雨，這個卦表示想要讓天氣放晴，偏偏老天爺就是不出太陽，如果此卦是在寅午戌時所卜得，那麼將能夠開始放晴，而且從此之後，晴天的日數開始慢慢增多，雨天的日數會開始慢慢減少，如果在其他時辰卜的，則繼續下雨。

八二三：文星光耀斗牛虛，科甲國考在此時，天爵既修人爵至，果然方不負男兒。

白話註解（革）：占國考，是一個適合大眾競爭的時機，因為能對競爭非常有利的卦象出現，現在的競爭運勢非常好，務必好好把握這難得的特別時機。當然，時機足夠了，也千萬不能忘記自己努力念書，再加上本身的努力，才能有真正的成果。

八二四：女婚選擇卻躊躇，應位高兮世位低，凡事皆因忙裡過，不如別選且相宜。

白話註解（隨）：占選擇女婿，當事人自己也應該很清楚，這門婚事本身有明顯身家懸殊的問題，如果急急忙忙硬把事情湊合，恐怕未來會導致不少遺憾。不要過於急著成事，如果因為著急而把事情搞砸，不如還是另尋對象更好。

八二五：讀書進修光門楣，應來生世世相扶，
巳酉丑年有進步，熟讀五車爭功名。

白話註解（大過）：占念書、進修，這個卦的卦象是有利的，能夠得到家人的支持與舒適的環境，整個周遭都能夠符合你想要念書的慾望，請務必好好把握難得的機會，以取得更好的成就。在巳酉丑年在鑽研學業方面，可以明顯更進一步取得功名成就。

八二六：求醫卜卦卻無力，病來生世病源深，
當初不禱生嗟怨，服藥如何去病根。

白話註解（困）：占就醫，雖然因難以醫治的病而前來問卜，但是當事者的病根真的太深了，除了平時完全沒有忌口、也不注重運動，沒有好好保養身體，長期累積下來的疾病怎麼可能憑著藥物就想要根治呢？想要身體健康，可從基礎的規律運動開始。

八二七：卦中喜見兩重財，取討見財能得力，七分財氣重重見，管教庚寅得利來。

白話註解（咸）：占取討、討債，這個卦中的財氣很旺，因此對於想要詢問的取討財物當然是有利的，至少能夠一口氣討回七分以上，以取討來說這真是非常的順利了，若在庚寅日來取討將有得到更多獲利的機會，可以好好把握。

八二八：文書有氣卦生憂，世位逢沖是不同，欲問功名芹漵裡，當回窗下且藏修。

白話註解（萃）：占升學、考試，得到一個不是非常有利的卦象，這個卦中表示有些東西是無法掌握、常常白忙一場，若把它當作是經驗是可以的，但是無法順利考上自己想要的學校，如果還想要堅持那間學校的話，現在就回去好好念書吧。

八三一：火天大有问行人，音信雖有不得真，
燈花報喜逢時到，但看天上月鉤釣。

白話註解（大有）：占來訪，雖然事前應該有聯絡什麼時間要來，但是卻不一定會按照消息準時到達，可能路上會有所延誤或耽擱，導致來訪不斷的延宕。如果不是在元宵時節附近才會來，就是在月圓的十五、十六日時候才會出現。

八三二：君占壽數壽不靈，雖洩天機擾家庭，
眼前都是冤魂到，縱有錢財枉費心。

白話註解（睽）：占壽元、重病，這卦詞是說壽命差不多了，過往的冤親債主都已經在旁邊了，都到了這步田地，再想花錢消災也沒有辦法。卦詞是這樣說的，但算命的可不是神明，可以活到幾歲這種問題，問的人問好玩的，聽的人也聽好玩的就好。

八三三：解人押犯有小吉，福德重重皆順昌，
自遇貴人多助力，管教得意主安寧。

白話註解（離）：占保護、快遞、押犯人，這個卦表示此行能夠平安，並且較為順遂，擁有福德星高照的卦象，很多事情可以順利過關，只要該做的事情好好做，自然有人能夠來幫助。整體來說可以好好安心，並且沒有任何損害災禍。

八三四：財爻持世無憂慮，走失東西定轉頭，
目下有人傳小信，近水傍山聽緣由。

白話註解（噬嗑）：占走失，人往東西向的方向不見了，但一定會自己回來的。其實走失期間是有透過朋友傳話，離開必定有他的原因在，此人目前在近山近水之處。如真有回來，就好好地傾聽吧，只有深入了解才是解藥。

八三五：合夥求財有不宜，當前目下有閒非，
春秋二季財爻旺，若到冬夏利有虧。

白話註解（鼎）：占合夥，這個卦表示有所不宜，這個合夥關係未必能夠為你帶來足夠的財富，因為目前的情況身邊周遭都有不當的流言存在，如此事情未必能夠順遂。冬季與夏季容易因此而虧損，到春季與秋季則能夠賺到不少利潤。

八三六：學技手藝取人財，世應相和多比肩，
幸得財爻臨應位，必須捨求利自生。

白話註解（未濟）：占手藝、學一技之長，在此時機出現眾多的競爭者，使得市場情況並不很看好。還好這個卦中有錢財出現的卦象，這表示即使時機不是很好仍然能夠賺錢，不過比較適合自己創業賺錢，而不適合待在他人手下做事情。

八三七：失財失物並無蹤，到底終須財物空，
著意追究無覓處，財因卦氣兩交沖。

白話註解（旅）：占失物，找不到任何的線索，連一點點蛛絲馬跡都沒有，只好放手讓東西去了。如果執著其上也只是徒增自己的麻煩與困擾，何必為了一件物品朝思暮想？不要再想下去了，不屬於自己的東西就讓他去，才會有新的進來。

八三八：家宅平安兩見宜，福神得力少憂疑，
秋冬財利能多見，六畜田禾儘可期。

白話註解（晉）：占家事，家裡原則上是平安的，也有福神幫助，所以所有的人都身體相安無事，錢也能賺進不少，尤其是在秋季與冬季時更能帶來許多財氣，如果有做生意的或者去投資的，都可以期待在秋季與冬季賺進很多錢財，可說是家宅興旺。

八四一：生意經商能稱心，貴人作主喜相生，
鰲魚脫出金鈎釣，擺尾搖頭出此門。

白話註解（大壯）：占經商：生意，此卦有出現大貴人在幫助，因此怎麼做都不用擔心，毫無後顧之憂地經營這份生意吧。而且這生意能夠確實地賺到利潤，因此能夠順利如意地做。有大客戶會上門，並且彼此也能夠達成愉快的交易。

八四二：脫貨銷售總多磨，偏偏欲速利源少，
亥子癸壬方得脫，時逢寅卯且寬閒。

白話註解（歸妹）：占賣貨、銷售，這次賣貨會有所拖延，事情明明可以順利進行的，且又會因各種小事而拖延。如果此卦是在亥、子、癸、壬日卜出，或逢此時日，就能夠實際地賣出貨品；如果是在寅卯日卜得此卦，表示還有得拖延，慢慢來吧。

八四三：訴辯公庭得順理，文書官鬼兩分明，出官論理多方便，滅罪除刑必稱心。

白話註解（豐）：占被告訴清冤情，這次在法庭上「理」字分明，因此不必擔心是否背後官官相護動作出現；但是也因為如此，我方如沒有百分之百站得住腳的話，該有的刑罰還是會有，不過因為卦象很好的緣故，所以能減刑，想必也只是小小的罰鍰之類而已。

八四四：起造營運固非宜，起後須知略見非，凡事三思方是美，安時守舊莫心痴。

白話註解（震）：占起造、建造，出現這個卦表示目前並不很適合起造，對這件事情來說太過急促。與建建築物這種事情若太過急促，想必偷工減料之類的事情便會發生，欲速者不達，請再多考慮，有時則應該知足，新的未必比舊的好。

八四五：春蠶養殖兩重財，官鬼相鄰久稱懷，
幸得子孫來世位，七分財喜能帶來。

白話註解（恒）：占養殖，有許多的財氣，能夠賺得七成以上的利潤，是非常好的卦象，不過也不是短期間就獲利，是需要等待一段時間才能賺到的。需要有耐心地照料這份事業，以品質為重，以便更能夠建立未來的信譽。

八四六：欣領批文要用錢，若還不用必遲遲，
財逢亥子方如意，寅卯求之尚未然。

白話註解（解）：占簽約、證書，需要用花錢的方式以求得進度加快，如果不想花錢的話也可以，只是會拖延許久。占此卦的時間，如果在亥子之日或逢亥、子日到來時再進行，比較能夠得到更多的收入；若是寅卯之時則表示目前賺錢的時機還沒到。

八四七：收解錢糧頗稱心，貴人相助必如情，
文書官鬼來臨世，冬夏占之更稱心。

白話註解（小過）：占運貨、運輸、米糧生意，有貴人現身來幫助因此能夠順利平安地運貨，不會在中途遇到任何麻煩與危險，因此能夠放心進行，並沒有時機上的考量。如果占得此卦的時節在冬季或夏季，表示此運貨可以更為順利。

八四八：此回面試猶豫顯，三心二意又恐遲，
見貴終須並大利，不如不見免奔馳。

白話註解（豫）：占面試、見貴，這個卦表示當事人覺得既興奮期待又害怕受傷害，但是這個卦表示此次面試不會帶來非常好的結果。當事人並非沒有實力，如果不能得到適當的職位，不如這次先放棄，省卻勞煩奔波，靜待下次的機會到來。

八五一：放帳放款卦不周，只因世位旺文書，
將來枉費求名利，何不安心且待秋。

白話註解（小畜）：占放帳，這個卦對放帳來說並不是好時機，因為這個卦雖然對契約類的東西有利，卻沒有什麼錢財的象徵，這個問題與錢財相關，沒有錢財的象徵當然就沒有什麼好處可言，還不如先去處理其他的吧，等到秋季再來說錢的事情。

八五二：求財占卦遇中孚，管教經營遂取圖，
出入貴人因得力，重重財喜有相扶。

白話註解（中孚）：占求財，能夠以經營生意、經營公司的方式來賺取所欲求的金錢，因為當中會有貴人幫助，因此部分都蠻順利的，卦中有不少錢財的象徵，能夠賺到很多的金錢。又有得力的助手，這份事業將能夠繼續經營下去。

八五三：賭錢再怕弟兄臨，反覆無常不順情，
莫怪旁人來勸阻，勸阻便是是非人。

白話註解（家人）：占賭博、手氣，這是一個對賭客來說非常不利的卦象，賭博也需要賭運，你在這個時候也只有普通的運氣而已，這樣還要再賭下去嗎？只會輸得更慘而已。不要對勸你不要再賭的人一張臭臉，賭運不好就不要再沉迷下去了。

八五四：回鄉占得此卦爻，子孫健旺甚為高，
況兼伴侶為知己，一路平安不用焦。

白話註解（益）：占回鄉，這個卦表示一切平安順利，途徑中不會出現對自己不利的事故或意外，而且回鄉路途長遠，會出現良好的旅伴陪同，雖然長遠的旅途，但也會覺得時間過得真快。整體來說路途平安順利，不需要任何的擔憂煩惱。

八五五：寵物畜養得順遂，如欲財源需主張，君要買時定生息，勸君立意莫徬徨。

白話註解（巽）：占養寵、畜養家禽，可以順利獲得任何想要的動物，動物們可以健康平安地成長。如果是希望得到未來的利益，則必須堅持自己的主意，不要隨便聽別人說什麼好、什麼不好，一切都讓自己來決定，並且自己的心不可以搖擺不定。

八五六：世應相生萬事成，祖墳風水平安地，乘龍伏虎多回顧，後代兒孫產俊英。

白話註解（渙）：占墳墓，祖先墳墓雖然有好風水可以為後代子孫帶來錢財、官祿與功名，但這些總是比不上後代子孫能夠平安健康，畢竟人平安無事了才能再來說其他的。現在所選定的地點風水已經良好，能夠庇蔭後代子孫出英傑。

八五七：開店求財不順利，財破文書定少來，若有同心來助力，秋冬交節許君開。

白話註解（漸）：占開店，這個卦問開店是沒有辦法順利成功的，因為卦中表示無法招攬客人，沒有客人自然也不會有多少收入。但是如果有親人或伙伴願意出來支持，那就可以在秋季與冬季帶來一個好的開始，在此時才能順利開張。

八五八：欲借錢財問神明，托保求之事可成，亥子庚辛財發動，眼前不遂莫生嗔。

白話註解（觀）：占借款，這個卦象表示如果想要去借款，必須要找擔保人才能夠借到，但是目前沒有辦法順利，需要花點時間，請卻莫為這一點不順而感到氣餒，很多事情需要時機來配合。亥子日與庚辛日才是時機到來的日子，宜好好把握。

八六一：求官謀職春夏逢，若到秋冬防有傷，月缺自然有盈日，片雲暫掩亦無妨。

白話註解（需）：占謀官、謀職，春季與夏季能夠順利進行，但是如果在秋季與冬季則小心會有阻礙，並且對自己不利。但是這個卦還是暫時按兵不動為好，或者是低調進行不要太過張揚，免得樹大招風，給自己帶來更多麻煩，應該暫時退居幕後。

八六二：子孫臨印住田莊，占買田園主吉昌，口舌之災順留心，事成日後利非常。

白話註解（節）：占土地，這個卦表示買了這塊土地能夠帶來吉祥如意，事情會順利進行，能夠完全順著自己的意思。只是需要小心流言蜚語，會因為有人亂說話造成些許不愉快，但這只是最初一段小插曲而已，整件事情完成之後，便可以得到不少利益。

八六三：聘用徵員能得良，討得成時壽命長，
莫聽旁人並外語，成交之後定知詳。

白話註解（既濟）：占聘用、徵員，能夠得到良好的結果，而且可雇用到忠心耿耿的員工。不要聽旁人的關說或是特別推薦的人選，那對你來說並不會是最好的結果，應該堅持自己的感覺，選擇自己覺得不錯的人，之後一定會慶幸自己的選擇是正確的。

八六四：買進置貨十分財，子母相收利息肥，
申子辰中多利益，只嫌夏季未全諧。

白話註解（屯）：占買貨，得到一個充滿財氣的卦，表示這次買貨可以很順利，除了本金能夠輕鬆回收之外，還能額外得到許多的利潤。凡地支遇申子辰者都是能夠增加獲利的好時機。要注意的只有夏季，因為事情比較沒有辦法完整收益。

八六五：文書官鬼兩相侵，參政高手得進身，
財旺陞官官又旺，管教日後定如心。

白話註解（井）：占參政、高考、中央選舉，這是一個對參政而言頗有利的卦象，只是自己會把事情搞得緊張，小心自己反而招架不來。能夠獲得應得的功名讓自己順利進入政界，有足夠的財力支撐，官運也不錯，以後能夠一帆風順的。

八六六：舉薦公務未有成，取利何必傍朱門，
重重父母從中阻，奉勸君家惜此身。

白話註解（坎）：占舉薦、參加競選、當公務員，這個卦表示不會有結果。此職場並不是當事人所想要的，應該另尋出路才能對自己有好處，硬是把自己放到一個不適應的地方，是不會有成就的，搞不好還會給自己搞得焦頭爛額，應該慎重選擇。

八六七：呈狀終須告得成，文書無位喜相臨，
時逢戊己文書定，定主官司理得成。

白話註解（蹇）：占原告呈告狀，這個卦表示能夠得到公平的判決，但是這個公平的判決未必對當事者有利。如果卜卦的時間在戊己日，則表示判決已經決定好了。現在只等判決下來而已，已經沒有什麼需要特別去勞心的事情。

八六八：財多臨應剋文書，家信途中遇阻隔，
春夏占之即有信，秋冬寬耐要遲遲。

白話註解（比）：占家信，這並不是個不好的卦象，只是消息途中有所阻礙，導致暫時性的聯絡不通而已，不用擔心，過了一段時間就好。如果是春夏占得此卦，表示再過不了多久就有消息；如果占得此卦是在秋冬季，表示還有一陣子要拖延。

八七一：夜夢顛連不足誇，只因心事亂如麻，平時遇事多謹慎，高臥南窗定不差。

白話註解（大畜）：占夢境，這個卦表示頻頻做夢是因為日有所思，夜有所夢，整天為了不會發生的事情煩惱，或者為了已經發生過了的事情煩惱卻不思解決。日常生活中遇到事情時應該多加小心謹慎，就不用在事後煩惱了。

八七二：收成長投卦有奇，官鬼休因福祿齊，小旱無憂農事好，高平底下各相宜。

白話註解（損）：占長期投資，這個卦對於長期投資來說非常不錯，不會有什麼會造成耗損的象，即使中途會出現不看好的情況，但是過去就好了，並不會造成實質的損失，並且只要看準投資案，憑自己的感覺走就對了。

八七三：是非糾紛亦須防，若不防時定有傷，
內外有人多起意，三思行事保安康。

白話註解（賁）：占糾紛，要小心一個小小糾紛就有可能引起更複雜的糾紛，務必預防口舌是非及人多口雜。而且這個引起糾紛的人可能是外部，也可能在內部，因此務必謹言慎行，好好注意自己的言行並觀察周遭。

八七四：水中求利總相宜，取魚短投無猜疑，
順水中流利益豐，卦爻坤定財利肥。

白話註解（頤）：占短投，這個短期投資很適合，因為是順著整個市場的趨勢，短期投資必定有利益可撈，並且占到這個卦表示完全不需要擔心，因為這個卦中有不錯的金錢象徵，表示能夠得到豐富的財源進入，因此可以放心投資。

八七五：求子占之卦有缺，六爻無福只徒然，
花多子少皆由命，娶妾空無子息添。

白話註解（蠱）：占求子，想占卦問得子，看來是平平而已，如果幸運懷胎那生女兒的機率高於生男孩的機率。如果想要男孩子的話，就多做點功德跟公益，給自己積些福德，也許能夠增加更多機會。整體來說想要如願還需要一些努力才行。

八七六：財爻隱伏事已遲，入住妻家是非到，
女命從夫心不願，必須別選事方宜。

白話註解（蒙）：占入住妻家，這個卦表示有是非之象，這門婚事會導致雙方不愉快的口舌之爭，並且彼此的關係並不平穩，很多事情也不是彼此想像的完美，雙方無法平等對待，女方應會遵從男方，但並不是心甘情願的。還是另擇對象比較好。

八七七：旅遊出行難行多，鬼爻持世無出成，途中危險須防阻，安守田園莫出門。

白話註解（艮）：占出行、旅遊，這個卦表示出行途中不只有很多麻煩、波折，而且有遇到危險的可能性，不得不預防。如果非不得已的話，請盡量延期或是取消行程，只宜安份再家中陪家人。即使非得要出門，那請您再三斟酌吧！

八七八：子孫持世旺財多，店面住宿好運得，絳帳大開受業重，重重財喜拾青蚨。

白話註解（剝）：占店面、住家，這個卦表示所找到的店面能夠帶來許多財氣，能夠幫助屋主或店家帶來許多的利益，如果選擇這個地點開店，就盡管張燈結彩，把人潮跟整個氣氛變得很熱絡地來開張吧，一定可以帶來很多財運的。

八八一：分家分產表不宜，嫌因世位旺兄弟，
若還後悔須防妒，省得奔馳意不如。

白話註解（泰）：占分家、分產，這個卦表示分家的權力有很多人持有，因此最後分的結果會導致不少競爭、嫉妒，最後分不到多少家產，還會鬧得所有人不開心。不如別太過插手此事，免得給自己惹了麻煩又得不到多少的好處。

八八二：遷移枉自費心機，世位逢官不必疑，
守舊安心方是美，勉強為之災厄到。

白話註解（臨）：占遷移、移居，卦表示搬家既費心又費力，結果最後還是令人不滿意，沒有得到太多的好處，如果硬是要搬可能還會帶來壞處。這個卦象顯示，與其將就選一個不甚滿意的新地點，不如暫時安定在原來的住處，慢慢尋找喜歡的新地點。

八八三：見喜凶荒苦見傷，子孫臨應未為昌，
應皆小子災危至，求神以便保安康。

白話註解（明夷）：占子女病，這個卦表示小孩的身體不適是因為有某種的因素沖煞到，祈求神明是一個於信仰上適宜的解決方法。當然要找當地旺盛的正神來處理，切莫胡亂聽信怪異的流言。除此之外也不能忘記找正規的醫生來治療。

八八四：買屋房產來占卦，買時增價頻多話，
隔角重重卦未安，只宜退步還須罷。

白話註解（復）：占房產，所選定的這個房子會被抬高價格，這筆交易如果要完成可能需要一番麻煩的討價還價才行，卦象並不平穩，表示容易僵持不下。如果真的很喜歡這個房子的話，需要出更高的價格以便讓事情順利；否則就只能放棄了。

八八五：謀事求職勿牽掛，勞心損氣費精神，
自有好友來助力，成全之後得遂心。

白話註解（升）：占計畫、求職，工作認真是很好的，但是不要讓自己太過牽掛這件事情，無時無刻都在想著，如此一來很容易把自己的精神與身體狀況打壞。會有好朋友前來幫助的，有時該學著把權力放出去，事情交給別人做，反而容易讓事情順利。

八八六：命犯災星煞不輕，傷寒吐瀉腹中疼，
災星隨犯無難事，速即求神可保寧。

白話註解（師）：占健康，以卦象來說表示此時命中犯了災星，因此會身體不平安，此時可以祈求神明以保安康，另外也放下工作不要太過辛勞，放輕鬆地修養一段時日為好。同樣不可以忘記，除了祈求神明外，更要讓合格的醫師仔細診斷。

八八七：父母災殃定不妨，應透官位壽綿長，好藥調和三五劑，限度無沖何必忙。

白話註解（謙）：占父母親病，雖然擔心父母的病況，但這個卦表示症狀不重，是不需要這麼窮緊張的，因為父母的命中還有很長的壽命可以過，只要好好遵照醫師的指示好好照料身體，按時吃藥，必定能夠好好地痊癒，沒有需要擔心的地方。

八八八：談判會事莫憂心，要成須向好朋友，財旺重重無欠缺，七分財喜自然成。

白話註解（坤）：占會商、接洽，事情能夠順利的，但是深入參與的人、還有好朋友之間不可有所隱瞞，如果把事情全部透明化將能夠讓事情更為順利，並且沒有任何後顧之憂。有財氣跟人氣旺盛的象徵，能夠順利進行，也可以帶來許多金錢上的收入。

★以上為先天易數五一二條卦詩白話專解，完整全套卦詩。

八字決戰一生完整的整套系列編輯書籍介紹

1. 生肖占卜篇　上、下兩冊及專解下冊細項篇

數字占卜是透過十個數字的交媾，產生100組互動關係，而生肖占卜篇者可應用於地支與地支的交媾組合，作詳細的延申推演，包含個人生肖與週遭人事之對待關係，共有144組的不同人事互動組合，也可透過精心設計的十二地支占卜牌卡，作為占卜的應用，讓您即時掌握人事之對待、財運機會、工作事業、婚姻感情、找到屬於自己命中的貴人，共十二項應用對照，超高準確度，可隨時隨地應用、查詢，是學習八字陰陽五行推演最好的活字典，也是開館諮詢師必備的生財器具書籍。

2. 數字占卜篇　上、下兩冊及專解細項篇

透過太乙精心設計的十天干數字占卜牌卡，利用10個數字交媾應用組合，延申100組數字的互動關係，每一組數字作詳細的延申推演，再針對婚姻感情、工作事業、身體健康、財運、人際、工作等十二項目作詳細深入的解析，準確度達到95%，隨時隨地可以應用、查詢，如同請一位專業命理諮詢師回家，隨時隨地可諮詢，也是學習高級八字論斷推演最好的一本活字典。

3. 開運應用篇

透過出生年月日時公式的應用組合，用對照的方式，來解讀掌握貴人方位機會、財運機會，解開身體、疾病之負擔，瞭解婚姻、感情、情歸何處，決戰一生事業工作的版圖有多大、論您的財庫有多大、財祿方位在哪?將您的心態、個性、人際關係顯露無遺，年、月、日、時各柱的六十組甲子活字典，

能讓完全不懂八字推理的人，也能快速查詢應用，掌握住事象、開運應用、製造機會、契機，知己知彼，快速致富，也能讓研究八字的人，知道如何應用天干、地支的互動組合，衍生出人生的妻、財、子、祿及方位的切入、交互應用，延申更寬廣的交媾組合，掌握精髓、應用自如。

4. 易經連結篇

四柱八字的天干地支，可連結於易經六十四卦，應用於日常生活的食、衣、住、行，讓學習易經不再花費數十年的青春歲月，應用干支的二十二個字，陰陽五行，表現這艱難無味的八卦交媾變化，快速的切入，尋找到改變之道，提升快速財利的獲得、工作事業的穩定發展、擴展人際關係、增加六親緣份、掌握到良好的居家風水。擁有本書，就能洞察到六十四卦在日常生活中的六十四種生活方式及樂趣。保證讓研究數十年的易經學者大開眼界，讓剛入門學習者，大開最方便的法門。也可透過太乙為您精心設計的六十四卦占卜牌卡，作為占卜應用，神奇、超高準確度。

5. 學理推演篇

八字決戰一生的學理應用，是透過大自然生態生存之道，木成長的元素，套入天干、地支的刑、沖、會、合、害及交互作用，產生氣的變化，是本套書籍所有應用的理論及原則，包含年、月、日、時、分五柱十字的宮位解析、論斷、推演，是學習八字及時空論斷的重要學理推演，不得不讀的寶貴理論，精準而細微，此學理推演是八字學及八字實戰的重要依據，比傳統學理更準確、論斷更快速，解象更多元化，是初階必讀，深入研究者及實戰論斷必備的精準元素。

本套書的精華在於用自然法則為學理根據，並山、醫、命、卜、相只有一套學理標準，完全可連結任何學術。

6. 十神對待篇

透過十個通變星宿:比肩、劫財、食神、傷官、正財、偏財、正官、偏官、正印、偏印，各個星宿在年、月、日、時不同的柱限、宮位、所產生不同質氣的變化、應用，可用對照、查詢，讓您學習到八字十神法真正的精髓核心，再應用日主不同十天干對照，所延申的１００組十神對待，不同於傳統不分日主天干的元素，只論十個通變星宿吉凶，本書十神對待篇是八字的精髓及活字典。

7. 一柱論命篇

天干配合地支，產生了六十組的組合，此六十組的組合，套入出生年、月、日、時，就產生不同宮位，人事物之變化，透過一組一組活生生剖析其情性，讓您論命不用同時要有年、月、日、時四柱的組合才能精準掌握，而只要知道任何一柱，即可馬上切入應用論斷，雖然一柱論命只是八字的基礎，但也可用於日常生活上的應用，快速而精準的一柱論命應用篇，讓您隨時掌握流月、流日的變化，趨吉避凶，也是職業論命必備的活字典。

8. 公式口訣篇

在繁雜的學理推演上，透過條文式整理，成為簡便的口訣，可應用到各個不同的星宿，將公式口訣進入各個柱限、限運、宮位、年、月、日、時、分，所產生不同的應用論斷，快速又精準。

9. 六親緣份篇

針對個案剖析，分六親緣份、環境論斷、財運機會、事業官祿，本篇為六親緣份篇，直接針對祖上、父母、兄弟姊妹、配偶、子女及部屬、朋友、客戶，快速精準的應用解析，是助力還是阻力，在人生當中，他們與您的相處模式、緣份之對待關係之解析、論斷、應用。

10. 生日數字篇

創世之作，透過國曆的民國出生年、月、日的數字組合，是用民國的年數，而非坊間的西元年數，因為我們生存在於中華民國的土地上，會因為此區域性而產生了數字的組合變化，除非您在台灣出生而是在國外工作，所以才可使用西元年數。

此民國年數配合月、日的不同數字交媾組合，會產生不同的吉凶變化，舉凡習慣個性、工作事業、投資理財、婚姻感情、身體健康、金錢財運、人際關係，一一的解釋，是人生的活字典，也是首創精準的一套學理。

11. 時空契機篇

四柱八字學是應用人出生的年、月、日、時，作為推命之資料，而時空契機篇是用當下的時空，年、月、日、時到分作為資料，排定五柱十字，不用任何求問者的資料，只要您進入此時空，利用當下契機，就能精準論斷過去、現況、未來之人、事、物，會讓人誤以為是通靈或養小鬼，也可作為平時訓練八字推演的活教材。

12. 擇日開運篇

八字學的應用，是透過大自然生態生存之道，此學理可連結到擇日學、陽宅學、易經、六十四卦、姓名學及日常生活之道，擇日學除了傳統刑、沖、會、合、害之喜忌概念、農民曆的應用之外，連結此套學術，更是如何應用操控運勢、時機點重要的方式，是坊間不傳之祕，如同奇門遁甲之應用與掌控，應用擇日達到佈局開運的法門。不再羨慕別人買房子、賺大錢，自己來操控不會受騙花大錢，可製造好的財運及機會。

13. 實戰案例篇

透過50個活生生的實際案例推演、論斷、解析，能讓您快速掌握實戰的應用、推論，讓您面對客戶不再緊張，而且能快、狠、準的直接切入論斷。

14. 風水開運篇

如何應用居家風水、居家環境，也就是利用周遭可看得到的一切環境、景象、人事，來趨吉避凶，製造財富，３６０度２４個方位學上，哪一方位可製造更多的助力，形成更旺的磁場，用無中生有的方式佈局迎氣，解除對坊間數十派的風水學說之困惑，讓您能快速靈活應用，掌握風水開運致富。

15. 姓名開運篇

四柱八字學用十天干、十二地支配合大自然生態之學理推演，而此姓名開運篇，是將姓名文字的部首、字根，套入十天干、十二地支之交媾互動變化論事象吉凶，破解坊間數派姓名學之爭議及迷失，因為與八字決戰一生之系列學理，完全是相同的、相通的，沒有模擬兩可，只有這一套，而且可連結整個五術的任何學派，讓您不再為名字的好壞而影響到您的生活，善用父母親賜給您最寶貴的文字禮物，好姓、好名、好字義，完全掌握好的時機。

16. 觀念開運篇

透過問答的方式，解開對命理、五術及生活的問題、迷失，讓您不會因算命師的一句妖言惑眾的話或宗教的一句冤親債主來討債必須制化改運，而荷包大失血，整個家庭陷入經濟危機及心理恐懼的危機當中，有了正確觀念的瞭解，進而運用觀念開運致富，助人、利己，製造累積更多的福德及財富。

太乙文化事業八字師資班面授簡介

(長長久久終身八字職業、師資班面授總課程表)

課程內容:

1. 五行及十天干、十二地支申論類化 。
2. 八字排盤定位、大運、流年。 3. 地支藏干排列組合應用法。
4. 十神申論類化，六親宮位定位法則 。
5. 刑、沖、會、合、害、申論、變化、抽爻換象法。
6. 格局取象及宮位互動變化均衡式論命法。
7. 十二長生及空亡應用論斷法。 8. 十天干四時喜忌論命法。
9. 長相、個性、心性論斷法。 10. 父母宮位、緣份、助力論斷法。
11. 兄弟姊妹、朋友、客戶緣份或成就論斷。
12. 桃花、感情、婚姻、外遇及夫妻緣份之論斷。
13. 夫妻先天命卦合參論斷法。 14. 考運、學業、成就論斷。
15. 子息緣份及成就論斷。 16. 財富、事業、官貴、成就論斷。
17. 疾病、傷害、疤痕申論類化論斷。
18. 神煞法的應用、論斷及準確度分析。 19. 數目字演化論斷。
20. 陽宅、陰宅、方位及居家環境申論類化。21. 六親定位配盤法。
22. 大運準確度分析、流年、流月、流日起伏論斷、應期法。
23. 掐指神算演化實戰法(不需任何資料就能掌握住對方的過去、現況及未來，快、狠、準) 。
24. 六十甲子論斷法，一柱論命法，將每一柱詳細作情境解析。及一字論命法、氣候論命法、時間論命法。
25. 干支獨立分析論斷法。 26. 命卦合參論斷法。
27. 奇門遁甲化解、轉化法。28. 奇門遁甲時空造運催動法。
29. 綜合實戰技巧演練，及成果分享。

以上課程總時數102年下半年度起約80小時(含演練，及成果分享)

◎**課程**前 20 分鐘複習上一堂的課程，以便進度銜接

◎課程以小班制為主，7 人以上開班(不足七人將會縮短時數)

◎另有一對一的課程，時間彈性，總時數約 56 小時(7 個月之內完成)，也可以速成班方式學習，馬上能學以致用。

以上1~8 大題讓你將五行、十天干、十二地支、十神、六親及刑沖會合害，深入淺出，往下延伸類化，是實戰重要的築基篇，不可跳躍的課程。

9~18 大題是人生的妻、財、子、祿論斷技法分析演練，讓你掌握住精髓，快速又準確。

19~23 大題是職業八字論斷秘訣，是坊間千古不傳之祕，讓你深入其中之祕，讚嘆不已。

24~26 大題，讓你一窺八字結合易經、數字之妙，體悟祕中精髓，深入觀象類化，再窺因果之祕。

27~28 大題，讓你掌握造運之竅，催動無形能量，創造磁場。

◎上課中歡迎同學提問題發問，乃可當實例解說，所以以上的課程內容及應用論斷法，會以同學提出的案例解析，直接套入應用說明演練，及分發前幾期同學的上課實錄筆記，作為直斷式解說演練。

課程結束後，不定時回訓及心得分享

◎102 年 7 月起上課總時數，以此調整的時數為主

◎有再開八字課程時，可無限期旁聽複訓◎

歡迎您加入「太乙文化事業終身師資班」的學習行列，讓您減少走很多的冤枉路，及減少花費冤枉錢，快速學以致用。每逢星期三、四、五開八字終身班課程，歡迎電話洽詢安排時間。

太乙（天易）老師經歷簡介

經歷：79年成立太乙三元地命理擇日中心，開始從事命理諮詢、陽宅、風水、堪輿服務，目前積極從事推廣五術教育，用大自然觀象法理論教學及諮詢服務。

現任：台南市救國團命理五術指導老師

台南市國立生活美學館（前社教館）授課老師

附設長青生活美學大學（前社教館）授課老師

太乙（天易）老師著作簡介

◎**七九年**統一日報命理專欄作家，著作「果老星學祕論」

◎八十年著作中原時區陰陽對照萬年曆，文國書局出版

◎**九九年**十月著作的中原時區陰陽對照彩色版萬年曆

◎**一百年**八月著作「窮通寶鑑評註」，筆名：太乙 。

◎**一百年**十月著作「八字時空洩天機-雷集」。雅書堂

◎**一零一年三月出版「八字時空洩天機-風集」。雅書堂**

◎一零一年七月出版「史上最便宜、最豐富、最實用彩色精校萬年曆」易林堂。以下都由易林堂文化出版

◎**一零一年八月出版《教您使用農民曆》易林堂出版**

◎一零一年九月出版《教您使用農民曆及紅皮通書的第一本教材(上冊)》。易林堂文化出版

◎**一零一年十一月《解開神奇數字代碼一》易林堂**

◎**一零一年十二月《解開神奇數字代碼二》易林堂**

◎**一零**二年元月**《八字十神洩天機-上冊》易林堂**

◎**一零二年七月起《八字決戰一生》一系列全套書**籍，陸陸續續出版中

本書編著，服務項目

- 陰、陽宅鑑定，鄰近地區每間、每次壹萬陸仟捌佰元。
- 現場八字時空卦象解析論命，每小時貳仟肆佰元整，超過另計（每十分鐘肆佰元整），以此類推。
- 細批流年每年六仟六佰元整。
- 取名改名每人六仟六佰元整
- 姓名鑑定隨緣。
- 剖腹生產擇日壹萬陸仟八佰元整。
- 一般擇日每項六仟六佰元整 （一項嫁娶）（二項.動土、上樑、入宅 ）（ 三項.入殮、進塔 ）

請事先以電話預約服務時間。以上價格至民國105年止，另行調整。

- 八字時空卦高級班、終身班傳授面議。（不需任何資料直斷過去、現況、未來）。
- 直斷式八字學終身班，傳授面議。
- 十全派姓名學傳授面議。
- 手機、電話號碼選號及能量催動傳授。
- 陽宅、風水、易經六十四卦陽宅學傳授面議。
- 九宮派、易經六十四卦、玄空、陽宅學傳授面議。
- **整套擇日教學：**一般擇日、入宅、安香、豎造、喪葬課、嫁娶結婚日課、 地理造葬課傳授面議。
- **兩儀：**數字卦傳授教學《神奇數字代碼的實戰應用》

以上的教學一對一為責任教學，保證學成。

☞預約電話：0982571648　0929208166
（06）2158531　楊小姐
☞服務地址：台南市南區國民路270巷75弄33號

八字時空洩天機【雷集】 軟皮精裝　訂價:380元　作者：太乙

《八字時空洩天機》是結合「鐵板神數」之理論，利用當下的時間，作為一個契機的引動，也將一個時辰兩個小時的組合轉化為一百二十分鐘，再將一百二十分鐘套入於十二地支當中，每十分鐘為一個變化、一個命式，套入此契機法，配合主、客體的交媾直斷事項結果，結合第五柱論命的原理，及易象法則與論命思想精華匯集而成的一套學術。　本書突破子平八字命理類化的推命法則，及同年同月同日同時生的迷惑，而且其中的快、準、狠讓求算者嘖嘖稱奇。以最自然的生態、日月運行交替、五行變化，帶入時空，運用四季，推敲八字中的奧妙與玄機。

八字時空洩天機【風集】 軟皮精裝　訂價:380元　作者：太 乙

《八字時空洩天機》是結合「鐵板神數」之理論，利用當下的時間，作為一個契機的引動，也將一個時辰兩個小時的組合轉化為一百二十分鐘，再將一百二十分鐘套入於十二地支當中，每十分鐘為一個變化、一個命式，套入此契機法，配合主、客體的交媾直斷事項結果，結合第五柱論命的原理，及易象法則與論命思想精華匯集而成的一套學術。《八字時空洩天機》【風集】則從最基礎的《易經》卜求、五行概念、八字基礎，以十神篇，說明《八字時空洩天機》的命理基礎，再運用契機法，算出自己想知的答案，讓你在輕鬆的氛圍中，領悟出相關卦象及自然科學生態循環之要點，不求人地算出自己的前程未來。

八字十神洩天機系類　易林堂出版　定價：398 元 作者:太乙

「八字十神洩天機－系類」是再次經過精心設計編排的基礎五行、十天干、十二地支、十神特性論斷，彙集十神生成導引之事項細節延申、時空論斷及推命之步驟要領、論命之斷訣、八字天機秘論、個性導引十神代表，以及六十甲子一柱論事業、公司、老闆、六十甲子配合六十四卦、一柱斷訣之情性，結合時空論命訣竅及易經原理、直斷訣，論命技巧與思想、精華串連起來彙集而成的一套學術，加上不同十天干對應十天干的一百組十神法則，突破傳統不分十天干的十神法，猶如一百組的十神活字典。本系類書籍，將讓您的八字功力大增十年，減少數十萬的學習費用，更是空前的編排組合，請拭目以待。

心易姓名學　作者　張士凱 易林堂出版　定價：320 元

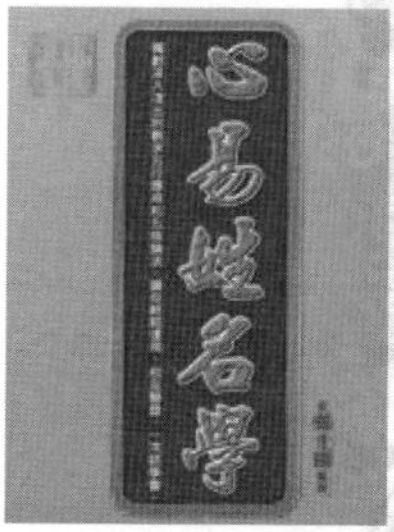

中國文化五千年來，老祖先的智慧「山、醫、命、相、卜」，而姓名學為相術的應用，也就是觀察字的意涵和數字五行「木、火、土、金、水 」的概念，以及五行的「生、剋、平」所產生的現象，和五行情性特質。本書探討數字的含意，以及五行「生、剋、平」和五格本身含意的說明。兩格之間「生、剋、平」的論法，以及如何論斷的應用說明，讓您見識到心易姓名學的魅力。

八字快、易、通　作者：宏宥 易林堂出版
定價：398 元

【八字 快、易、通】本書內容運用十天干、十二 地支，透過大自然情性法則，解析五行的屬性、特 質、意義。五行間的生剋變化，構成了萬物和磁場之間的交互作用，為萬物循環不息的源頭。本書捨棄傳統八字之格局、用神、喜忌，深入淺出之方式讓初學者很快進入八字的領域，為初學者最佳工具書。本書內容在兩儀卦象、直斷式八字與時空卦的運用皆有詳細、精闢之論述。

八字
快、易、通

◎直斷式 面相論斷、教學　◎八字、時空卦論斷、教學
◎兩儀卜卦論斷、教學　◎陽宅規畫、鑑定、教學

諮詢論命預約專線: 0921021360　宏宥老師

您可以這樣玩八字　作者：小孔明 易林堂出版
定價：398元

您玩過瘋迷全世界的魔術方塊嗎???解魔術方塊的層先法與推算八字有著異曲同工之妙，方法是先解決頂層(先定出八字宮位)，然後是中間層(再找出八字十神)，最後是底層(以觀查易象之法來完成解構)，這種解法可以在一分鐘內復原一個魔術方塊(所以可以一眼直斷八字核心靈魂)。命理是以時間為經，空間為緯來交媾而出的立體人生，若說魔術方塊的解法步數為《上帝的數字》，那八字則是《上天給的DNA密碼》，一樣的對偶性與雙螺旋性，只要透過大自然生態的天地法則，熟悉日月與五行季節變化的遊戲規則，就可以輕輕鬆鬆用玩索有得的童心去解析出自己的人生旅程，準備好透過本書輕鬆學習如何來用自己的雙手去任意扭轉玩出自己的命運魔術方塊嗎？

你可以這樣
玩八字

諮詢論命預約專線: 0920182255　小孔明老師

服務項目:

◎八字、時空卦論斷、教學◎姓名學論斷、取名、教學
◎兩儀卜卦論斷、教學　◎陰陽宅論斷、教學

先天易數占卜教學 DVD 及整套工具組合

教導如何使用先天易數的DVD，講解八卦先天數的排列組合，及後天數的排列應用與占卦的步驟及注意事項。讓您馬上能應用先天易數作為占卜的工具，成為占卜大師，快速、明確，不會模稜兩可。

全套工具組合 1. 2. 3. 4. 共 2200 元，特價 1320 元

1. 教學 DVD 一卷，約 110 分鐘。訂價:600 元
2. 一面彩色繡布印製「**先天易數**」的先後天挨數盤一面(面寬約 58 公分×42 公分)。訂價:600 元
3. 五百一十二條卦詩(無白話註解)，可供給客人占卜查看卦詩用。全書一百二十八頁。訂價:239 元
4. 牌卡一副四十三張:牌卡五張(自行切開成十張圖卡，先後天各1圖卡、八卦圖卡8張)，另一組三十二張八卦牌卡(用於先天易數取數用，也可用於易經占卜用)，及六張動爻牌卡(用於易經占卜動爻使用)。訂價:800 元

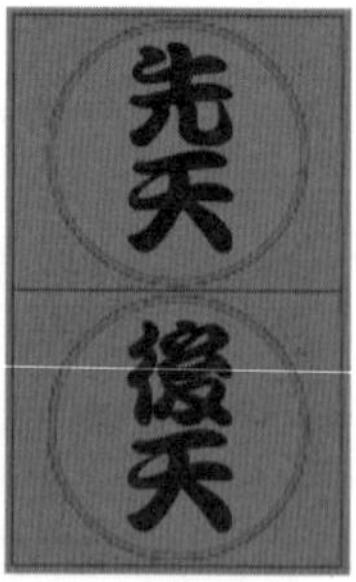

◎購買此套 DVD 兩個月內，觀看影片內容有任何問題歡迎來電諮詢。諮詢專線:06-2158531(楊小姐、杜小姐)

訂購方法： 1.請撥 06-2158531(楊小姐、杜小姐)
2.傳 E-mail 到 too_sg@yahoo.com.tw
3.傳真訂購專線：06-2130812

請註明訂購者姓名、電話、地址以及購買內容

付款方法: 郵局帳號：**局號** 0031204 **帳號** 0571561
戶名：楊貴美(可用無摺存款免付手續費)

千載難逢的自然生態八字命理 DVD 寶典出爐了
鐵口直斷的切入角度 讓您茅塞頓開
馬上讓您快速進入命理堂奧

八字時空洩天機教學篇（初、中級）易林堂出版
特優價：3980 元(此套內容等質於外面 36000 元的內容)

「八字時空洩天機-雷、風集」的基礎理論及中階課程已錄製好現場教學DVD影片，共有10集，每集約1小時30分鐘，此套課程由「十天干、十二地支的基礎，延申，八字排盤、掌訣、大運排法，刑、沖、會、合、害的延申、應用實際案例解析，太乙兩儀卦應用、實戰、分析，讓您掌握快、狠、準的現況分析」；全套10集共約15小時（價格低於市價，市價平均每小時六佰元），原價六千六百元，優惠「雷、風集」的讀者三千九百八十元，再附送彩色萬年曆及講義一本，是學習此套學術最有經濟價值、最好最划算的一套現場教學錄製DVD，內容活潑生動，原汁原味，可反覆播放研究，讓您快速學習到此套精華的學術。

看過此DVD保證讓您八字功力大增十年。

◎購買此套 DVD 兩個月內，觀看影片內容有任何問題歡迎來電諮詢　※電話諮詢時間：
星期一至星期五早上 10:00～11:00　下午 4:00～5:00
諮詢專線:06-2158531(楊小姐、杜小姐)
訂購方法:1.請撥 06-2158531(楊小姐、杜小姐)
2.傳 E-mail 到 too_sg@yahoo.com.tw
3.傳真訂購專線：06-2130812

請註明訂購者姓名、電話、地址以及購買內容
付款方法：郵局帳號:局號 0031204 帳號 0571561
戶名：楊貴美(可用無摺存款免付手續費)

太乙文化事業部，有很多即時資訊，歡迎上部落格觀賞。除此之外，筆者也不定時在 太乙文化事業 部落格與大家分享相關最新訊息及上課心得、出版圖書介紹。

請搜尋 太乙文化事業 有詳細資料

十二生肖地支占卜法秘訣面授

(附送 DVD 三集，數字天干、生肖牌卡共二副，生肖占卜上、下冊二本、專解下冊十二項推理來源一本)

太乙老師親自面授，指導十二生肖地支占卜的實戰應用。簡單、易學、實用價值高(也可訓練八字的推理、解象，也可連結八字、擇日學、姓名學、陰陽宅學)，不用任何資料，基礎，只要有興趣，透過太乙為您設計的十二生肖占卜牌卡，就可速成。

面授選擇： 面授、諮詢指導兩個小時就可學成，讓您馬上成為占卜大師。學費每人**壹萬貳仟捌佰元**「含生肖占卜上、下冊二本。附送現場教學 DVD 數字天干、十二生肖三集共約六小時三十分(可反覆複習)、十二生肖占卜牌卡一副(48 張)與數字天干牌卡一副(40 張)及生肖占卜篇專解下冊十二項目的推理由來 320 頁一本 」

面授、諮詢 :0982571648　　0929208166
預 約 電 話:(06)2158531　楊小姐

購買選擇： 可先購置現場教學 DVD 三集(共約六小時三十分)，原價 **4400 元**，特優價 **3200 元**。再免費附送十二生肖牌卡一副與數字天干牌卡一副及生肖占卜篇專解下冊十二項目的推理由來一本。 建議可先購買觀看預習後再面授，效果更佳。回來面授時，可由 12800 元再扣先前購買的 DVD 3200 元，再補足 9600 元即可。

◎購買此套 DVD 兩個月內，觀看影片內容有任何問題歡迎來電諮詢。諮詢專線:06-2158531(楊小姐、杜小姐)

訂購方法： 1.請撥 06-2158531(楊小姐、杜小姐)
2.傳 E-mail 到 too_sg@yahoo.com.tw
3.傳真訂購專線：06-2130812

請註明訂購者姓名、電話、地址以及購買內容

付款方法： 郵局帳號：**局號** 0031204 **帳號** 0571561
戶名：楊貴美(可用無摺存款免付手續費)